Gustav Keller/Edgar Katzer

LERNEN DENKEN ENTSPANNEN

Übungen zur Förderung des Lernverhaltens

Mit 84 Kopiervorlagen für die Sekundarstufen I + II

Auer Verlag GmbH

Gedruckt auf umweltbewusst gefertigtem, chlorfrei gebleichtem
und alterungsbeständigem Papier.

2., überarbeitete Auflage. 2000
Nach der Neuregelung der deutschen Rechtschreibung

Umschlaggestaltung: Josef Kinzelmann, Asbach-Bäumenheim
Gesamtherstellung: Ludwig Auer GmbH, Donauwörth
ISBN 3-403-0**2744**-9

Inhalt

1. Einleitung

„Überfüttert die Schüler nicht mit Fischen, sondern lehrt sie das Angeln."
Gregory Bateson

Die Begabung eines Schülers ist zwar eine notwendige, aber keine hinreichende Bedingung für den Schulerfolg. Hinzu kommen müssen Stützfaktoren, die das Begabungspotential in Schulleistungen umsetzen helfen (s. u.). Unter diesen Stützfaktoren spielt das Lern- und Arbeitsverhalten eine bedeutsame Rolle. Aus Studien zur Prognose des Schulerfolgs geht hervor, dass der Anteil dieses Stützfaktors an der Unterschiedlichkeit der Schulleistungen in der Grundschule ca. 20%, in der Sekundarstufe I ca. 30% und in der Sekundarstufe II ca. 40% beträgt (s. Keller 1999).
Die Bedeutung des Lern- und Arbeitsverhaltens lässt sich nicht nur aus Prognosestudien, sondern auch aus schulpsychologischen Ursachenanalysen ersehen. Dem Schulpsychologen fällt bei der Einzelfalldiagnose immer wieder auf, dass lern- und leistungsschwierige Schüler mehr könnten, wenn sie wirksamer lernen würden.
Das Lern- und Arbeitsverhalten ist nicht nur ein zentraler Faktor des Schulerfolgs, sondern auch des Berufserfolgs. Neben der Fachkompetenz und der Methodenkompetenz ist es die wichtigste Schlüsselqualifikation. Wer das stetige Weiterlernen nicht beherrscht, büßt seine Berufsfähigkeit in einer Zeit rapiden Wissenswandels rasch ein.
Weil die Lernfähigkeit eine so wichtige Bestimmungsgröße des Schul- und Berufserfolgs ist, muss ihre Förderung im Unterricht denselben Stellenwert erhalten wie die Wissensvermittlung. Das heißt konkret, dass ein Teil des Unterrichts darauf verwendet werden muss,

- Motivationsstrategien einzuüben,
- zur selbstständigen Lernorganisation anzuleiten,
- Gedächtnistechniken zu vermitteln,
- Methoden des Textlernens einzustudieren,
- die Konzentration zu trainieren,
- das systematische und kreative Denken zu lehren,
- die Entspannungsfähigkeit zu fördern.

Zur Erreichung dieser Lernziele ist das vorliegende Übungsprogramm konzipiert, erprobt und Wirksamkeitsanalysen unterzogen worden, die sehr ermutigend ausgefallen sind (s. Keller 1992). Es eignet sich dazu, Schülerinnen und Schüler in Intervallen das Lernen zu lehren. Die Dauer der einzelnen Übungen ist so bemessen, dass sie in den normalen Schulunterricht integriert werden können, ohne die Stoffvermittlung zu gefährden. Die Anzahl der Übungen reicht auf jeden Fall aus, um ein Schuljahr lang in wohl dosiertem Maße die Lernfähigkeit zu fördern.
Weitere Einsatzmöglichkeiten sind Vertretungsstunden, Stütz- und Förderkurse, Arbeitsgemeinschaften „Das Lernen lernen" und Projekttage. Darüber hinaus bietet sich das Programm auch für die lerntherapeutische Übungsarbeit an, wie sie von Beratungslehrern und Schulpsychologen durchgeführt wird.
Alle Übungen sind lernpraktisch erprobt worden. Aufgrund der zahlreichen kopierfertigen Vorlagen, Übungsbeispiele und Lösungshinweise sind sie gut umsetzbar. Dies heißt jedoch nicht, dass man sie blindlings anwenden kann. Sie bedürfen genauso wie die unterrichtliche Stoffvermittlung der Planung und Testung. Außerdem muss vor dem Einsatz auch überlegt werden, ob die jeweilige Übung altersangemessen ist. Das Programm ist so breit angelegt, dass sich für jede Jahrgangsstufe eine geeignete Aufgabenmenge zusammenstellen lässt.
Da die Rückmeldung ein wichtiger Faktor des Übungsprozesses ist, sollte auf die Ergebniskontrolle möglichst nicht verzichtet werden. Dabei ist zu beachten, dass gute Übungsleistungen durch Lob und Anerkennung verstärkt werden. Sind die Übungsleistungen nicht so positiv ausgefallen, bedürfen die Lernenden der Ermutigung. Genau wie die Stoffaneignung ist das Lernenlernen auf ein motivationsförderliches Beziehungsklima angewiesen.
Wer sich in die Grundlagen des Lernenlernens noch intensiver einarbeiten möchte, dem sei folgendes Buch empfohlen: Keller, Gustav: Lehrer helfen lernen. Lernförderung, Lernhilfe, Lernberatung. Donauwörth: Auer 1999 (5. Aufl.).

2. Lernmotivation

Mit Lernmotivation ist sowohl das gemeint, was den Schüler momentan zum Arbeiten bewegt, als auch die langfristige Ausrichtung der Lernenergien auf überdauernde Leistungsziele. Sie hat also eine Antriebs- und eine Richtungskomponente. Oder bildlich gesprochen: Sie ist Lenkrad und Motor zugleich.
Das Fundament der Lernmotivation wird normalerweise in der Familie gelegt. Die Motivationsentwicklung wird günstig verlaufen, wenn Eltern ihre Kinder rechtzeitig zur Selbstständigkeit erziehen, auf das Gleichgewicht von Leistung und Gegenleistung achten und Leistungsfortschritte anerkennen. Die Schule muss die familiäre Entwicklungsförderung fortsetzen durch Lob, Ermutigung, konstruktive Kritik und Neugierweckung.
Bei nicht wenigen Schülern treten in der Motivationsentwicklung Probleme auf. Besonders schwer fällt es ihnen, regelmäßig und aus innerem Antrieb zu lernen. Sie geben offen zu, dass letztlich äußerer Druck sie zum Lernen bewegt. Dann ist immer wieder zu beobachten, dass negative Denkweisen und Fehleinstellungen die Umsetzung der Lernenergien blockieren. Und manchen gelingt es nicht, für Themen und Schulfächer Interesse zu zeigen.
Derartige Motivationsprobleme können durch Strategien abgebaut werden, die den Schüler zur Selbstmotivierung befähigen. Nachstehend werden solche Methoden in Form von Übungen und Tipps aufgezeigt. Es sind keine Patentrezepte, sondern Möglichkeiten, aus Lernflauten herauszukommen.

2.1 Selbstkontrolle

Selbstständig zu lernen, fällt vielen Schülern schwer. Oft sind es der Druck kurz bevorstehender Klassenarbeiten, die Angst vor dem Versagen oder Drohungen der Eltern, die den entscheidenden Lernimpuls erzeugen. Es gibt eine Motivierungsmethode, mit der die unliebsame Fremdsteuerung abgebaut und Selbstständigkeit aufgebaut werden kann. Sie heißt Lerntagebuch, ist ab Klasse 5 anwendbar und funktioniert folgendermaßen:

Der Schüler nimmt sich vor, für sich selbst verantwortlich zu sein und aus eigenem Antrieb zu lernen. Die Eltern halten sich im Vertrauen auf die Selbstverantwortung des Schülers mit bisherigen Druckmethoden zurück. Um diese Selbststeuerung wirksam aufzubauen, schreibt der Schüler in den kommenden Wochen auf, was er von wann bis wann für die Schule tut. Das heißt, er legt sich selbst Rechenschaft darüber ab beziehungsweise wird sein eigener Kontrolleur. Es genügt, wenn die Lerntätigkeiten kurz und stichwortartig dokumentiert werden:

Dienstag, den ...
14.30–14.45 Englisch-Vokabeln
14.50–15.15 Mathematik-Aufgaben
15.25–16.00 Deutschaufsatz
Am Ende einer Arbeitswoche sollte man auswerten, wie viel Zeit für die einzelnen Fächer aufgewendet wurde. Somit kann man feststellen, welche Fächer zu kurz gekommen sind. Als Konsequenz daraus versucht man, in der kommenden Woche für diese Fächer mehr Zeit aufzubringen.
Die Selbststeuerung kann zusätzlich gefördert werden, wenn man die protokollierten Lerntätigkeiten bewertet. Man stuft ein, wie nutzvoll man im entsprechenden Fach gelernt hat. Folgende Bewertungen bieten sich an:

\+ = Lerntätigkeit war nutzvoll
0 = weder – noch
– = Lerntätigkeit war nicht nutzvoll

Darüber hinaus kann man eine weitere Motivierungsstrategie einsetzen, nämlich die Selbstverstärkung. Man belohnt sich nach der Erledigung der Lernaufgaben mit einer besonders angenehmen Freizeittätigkeit (Platte hören, Film anschauen, Lesen, Freunde treffen, Joggen usw.). Die Erwartung, hinterher etwas Angenehmes tun zu können, verbessert die Lernmotivation beträchtlich.
Nach frühestens einem Monat kann man versuchen, ohne diese Motivationsstütze zu lernen. Vielen Schülern genügt es dann, wenn sie sich täglich mental ihre Lernziele setzen. Kommt es wider Erwarten erneut zu einer Lernflaute, sollte man wieder Lerntagebuch führen. Wichtig ist, dass die Eltern den Veränderungsprozess mit Geduld, Ermutigung und Anerkennung begleiten.

SELBSTSTEUERUNG

SELBSTBEOBACHTUNG

SELBSTBEWERTUNG

SELBSTBELOHNUNG

Datum	Zeit	Fach (Inhalte bzw. Tätigkeit)
z. B. 27. 2.	14.00–14.30	Englisch-Vokabeln

Datum	Zeit	Fach (Inhalte bzw. Tätigkeit)
18.10.	13.45 - 14.15	Englisch (Workbook, Vokabeln) +
	14.20 - 14.45	Mathe (Aufgaben) +/-
	14.50 - 15.05	Erdkunde (Zeichnung) +
19.10.	16.30 - 16.45	Englisch (Exercise) +
	16.45 - 17.10	Deutsch (Sachbeschreibung) -
	17.15 - 18.00	Geschichte (Wiederholung) +
20.10.	14.00 - 14.30	Englisch (Brief) +/-
	14.40 - 15.00	Mathe (Aufgaben) +
	15.05 - 15.35	Deutsch (Grammatik) +
	15.45 - 16.00	Geschichte (Wiederholung) +/-
	18.00 - 18.15	Englisch (Vokabeln) +
21.10.	16.30 - 17.00	Mathe (Aufgaben) +/-
	17.05 - 17.30	Bio (Protokoll) +
22.10.	14.00 - 14.30	Englisch (Exercise) +
	14.40 - 15.00	Musik (Lied) +
23.10.	11.00 - 12.00	Englisch (Klassenarbeitsvorbereitung)
24.10.	10.00 - 11.00	Englisch (")
25.10.	13.15 - 13.45	Mathe (Aufgaben) -
	13.50 - 14.05	Erdkunde (Übung) +
	14.15 - 15.00	Englisch (Klassenarbeitsvorbereitung)
	15.15 - 15.30	Religion (Übung) +/-

2.2 Positiv denken

Manches Motivationsproblem wurzelt darin, dass Schüler über ihre Fähigkeiten, ihre Leistungen, ihre Beziehungen und über die Schule zu negativ denken. Die negativen Denkmuster bestehen meist aus vorschnellen Verallgemeinerungen, fehlerhaften Schlussfolgerungen, unzulässigen Vereinfachungen und unbewiesenen Annahmen. Aus einer Misserfolgsserie wird der Schluss gezogen: „Ich bin für dieses Fach nicht begabt, weitere Anstrengung hat keinen Sinn.“ Trotz guter Vorbereitung prophezeit man sich eine schlechte Klassenarbeitsnote. Aus der kritischen Äußerung eines Lehrers wird die Annahme abgeleitet: „Der kann mich nicht leiden!“

Folge des negativen Denkens sind ebenso negative Gefühle, die über kurz oder lang die Lernmotivation beeinträchtigen. Das negative Selbstbild von der eigenen Begabung erzeugt Resignation. Der Prüfungspessimismus bewirkt Angst. Aus der Überbewertung der kritischen Lehreräußerung wird Antipathie.

Die Alternative zu dieser motivationsstörenden Denkweise ist positives Denken. Um dorthin zu gelangen, müssen die Negativgedanken bewusst gemacht und geändert werden. Die Änderungsarbeit besteht darin, gezielt zu überlegen, was gegen die negativen Gedanken spricht. Im Falle des negativen Selbstbildes von der Begabung wird dem Schüler klar, dass er im Verlauf der letzten Jahre nicht durchgängig schlecht abgeschnitten hat. Der Prüfungsängstliche stellt plötzlich fest, dass er vom Prüfungsstoff eine ganze Menge weiß. Sein Fehler war, dass er nur auf die wenigen Lücken gestarrt hat. Dem Schüler, den sein Lehrer scheinbar nicht leiden kann, fällt plötzlich ein, dass er von diesem auch immer mal wieder gelobt wurde.

Eine systematische Umwandlung von Negativgedanken in Positivgedanken führt rasch auch zur Umwandlung der Gefühle. Und dadurch verbessert sich wiederum die Motivation.

„Nicht die Dinge selbst, sondern unser Denken über die Dinge entscheidet, ob wir glücklich oder unglücklich werden.“

Epiktet

Übung

Lernlust kann auch deshalb nicht entstehen, weil man über seine Fähigkeiten, Leistungen, Lehrer und die Schule zu negativ denkt. Schreibe Negativgedanken, die dir häufig durch den Kopf gehen, einmal auf. Überlege dann, was dagegen spricht.

Negativgedanken	Was spricht dagegen?

2.3 Interessenverknüpfung

Viele Motivationsstörungen wurzeln in einem fachlichen Interessenmangel. Dieser kann durch eine Motivierungstechnik abgebaut oder gar behoben werden, die man Interessenverknüpfung nennt. Sie besteht darin, dass man Fächern, die einen bisher nicht interessiert haben, interessante Teilaspekte abgewinnt, indem man sie mit außerschulischen Interessen verknüpft. Beispielsweise entdeckt ein Schüler, der Pop mag, dass Englisch für ihn interessanter wird, wenn er Popsongs ins Deutsche übersetzt.

Übung

Überlege gezielt, mit welchen außerschulischen Interessen, Tätigkeiten, Hobbys sich das Lernen in den folgenden Fächern verknüpfen lässt!

Fächer	
Deutsch	
Fremdsprachen	
Mathematik	
Physik	
Chemie	
Biologie	
Geschichte	
Gemeinschaftskunde	
Erdkunde	

2.4 Motivationstipps kurz und bündig

- Schiebe das, was du lernen musst, nicht auf. Tu's gleich! Der Ärger, den du später mit dem aufgeschobenen Lernstoff hast, ist sicherlich unangenehmer als die momentane Unlust.

- Wärme dich vor dem Lernstart auf. Räume den Arbeitsplatz auf. Beseitige das, was dich ablenken könnte. Atme tief ein und aus. Spanne deine Hände, Arme und Beine fest an und lass sie nach 10 Sekunden wieder los.

- Setze dir Ziele. Dabei kann dir ein kleiner Lernplan, auf dem geschrieben steht, was du erreichen möchtest, nützlich sein. Unterscheide dabei zwischen Muss- und Kannzielen. Hake ab, was du erledigt hast.

- Bewältige größere Lernaufgaben wie Klassenarbeiten und Facharbeiten nach dem Prinzip der schrittweisen Zielerreichung. Fange frühzeitig an und bewältige den Weg in Etappen.

- Belohne dich für die Erledigung von Lernaufgaben beziehungsweise für das Erreichen von Zielen mit angenehmen Freizeittätigkeiten.

- Hast du einen Lernerfolg oder Leistungsfortschritt erzielt, so schreibe die Ursache nicht dem Zufall oder der Leichtigkeit der Aufgabe zu. Betrachte den Erfolg als Ausdruck deiner Anstrengung oder Fähigkeit.

- Vermeide es, zu lange an einem Stoff zu lernen. Wirke der Übersättigung entgegen, indem du eine Pause einlegst oder einen anderen Lernstoff dazwischenschiebst.

- Stelle nie vorschnell fest, dass dich ein Fach oder ein Stoff nicht interessiert. Wenn du genauer nachdenkst, wirst du auf einen Aspekt stoßen, der dich interessiert oder neugierig macht.

- Informiere dich früh über Berufsziele und Weiterbildungsmöglichkeiten. Zielorientierungen üben auf das Lernverhalten eine wichtige Zugkraft aus.

3. Lernorganisation

Genauso wie die berufliche Arbeit will auch die Lernarbeit organisiert sein. Unter Lernorganisation versteht man die zweckmäßige Gestaltung der räumlich-zeitlichen Bedingungen des Lernens. Dadurch sollen unnötige Reibungsverluste und Frustrationen vermieden werden.
Erste Voraussetzung einer guten Lernorganisation ist die Zeitplanung. Das heißt, dass nicht einfach drauflos gelernt wird, sondern vorher überlegt wird, wie und in welchen Schritten Stoff angeeignet und geübt werden kann. Die Notwendigkeit des Planens ergibt sich sowohl bei der Bewältigung von Hausaufgaben als auch bei der Vorbereitung von Klassenarbeiten.
Zur Förderung der Lernbedingungen gehört auch die rationelle Gestaltung des häuslichen Arbeitsplatzes. Herrscht dort das große Chaos, kommt es unweigerlich zu Lern- und Konzentrationsstörungen.
Schließlich hängt ein reibungsloser Lernablauf auch davon ab, ob wichtige Arbeitsmittel wie zum Beispiel Nachschlagewerke vorhanden sind, ob der Schüler mit ihnen umzugehen weiß und in welchem Zustand sie sich befinden.
Alles in allem kann eine gute Lernorganisation das Lernen deutlich erleichtern und verbessern helfen. Oder man kann auch sagen: Gut geplant ist halb gelernt!

3.1 Hausaufgaben

Nach vielen Stunden Unterricht nochmals zu lernen und zu üben fällt vielen Schülern schwer. Die einen haben Schwierigkeiten, Lernenergien erneut zu mobilisieren und schieben den Lernbeginn vor sich her. Die anderen können sich zwar motivieren, haben aber Probleme bei der Gestaltung des Lernablaufs. Und schließlich gibt es auch welche, die sich sowohl mit dem Lernstart als auch mit dem Lernablauf schwer tun.
Um diesen Schwierigkeiten vorzubeugen, sollte die Erledigung der Hausaufgaben genauer geplant werden. Ein erster wichtiger Schritt besteht darin, nicht gleich nach dem Mittagessen mit dem Lernen zu beginnen, sondern mindestens eine halbe Stunde zu entspannen. Dadurch werden die psychophysischen Kräfte so regeneriert, dass der Lernstart leichter fällt. Eine weitere Starthilfe besteht darin, sich Ziele zu setzen. Wer sich selber Ziele setzt, erzeugt motivierende Zugkräfte. Hierzu fertigt man einen kleinen Plan an. Man nimmt einen Zettel und schreibt auf, was für den nächsten Tag auf jeden Fall zu erledigen ist. Dies sind die so genannten Mussziele. Außerdem überlegt man, was sonst noch getan werden könnte, falls etwas Zeit übrig bleibt. Dies sind die Kannziele. Zum Beispiel könnte dies eine Stoffwiederholung sein oder ein Stückchen Vorarbeit auf eine langfristig angesagte Klassenarbeit.
Lernpsychologisch wichtig ist es, die Ziele so zu reihen, dass am Arbeitsbeginn eine leichte Aufgabe steht. Ansonsten entsteht die Gefahr, dass eine Lösungsblockade die Lernlust sofort zunichte macht. Bei der Festlegung der Reihenfolge sollte auch darauf geachtet werden, dass ähnliche Fächer wie zum Beispiel zwei Fremdsprachen nicht nebeneinander stehen. Denn sonst könnten beim Einprägen Ähnlichkeitshemmungen auftreten. Die Anfertigung des Tagesplanes ist übrigens keine unabdingbare Voraussetzung eines geordneten Hausaufgabenablaufs. Wer die Hausaufgaben regelmäßig ins Hausaufgabenheft oder in einen geräumigen Terminkalender einträgt, hat bereits die Übersicht über das, was gelernt werden muss. Er braucht die Aufgaben dann nur noch lernpsychologisch richtig zu reihen. Nachdem der Lernprozess geplant ist, folgt die eigentliche Lernarbeit. Wer damit gut vorwärtskommen möchte, sollte sich für die Erreichung von Zwischenzielen gezielt verstärken. Am besten dadurch, dass man auf dem Tagesplan Erledigtes abhakt oder durchstreicht. Der innere Kommentar hierzu lautet: „Jetzt hab ich schon wieder ein Stück Arbeit hinter mir." Nach der Erreichung solcher Zwischenetappen empfiehlt sich auch eine Verschnaufpause von ein paar Minuten. Diese dient sowohl der Erhaltung der Konzentrationskräfte als auch der Festigung des Gelernten im Gedächtnis. Wenn es einmal mit einer Aufgabe nicht klappt, sollte man sie lieber beiseite legen, statt damit die Lernenergie zu vergeuden. Vielleicht fällt einem die Problemlösung später ein oder das Problem lässt sich mit Geschwistern, Klassenkameraden oder Eltern klären. Falls auch dies nicht möglich ist, sollte man die Aufgabe weglassen und eine entsprechende Anmerkung ins Heft schreiben.

Übung

Plane den Ablauf deiner nächsten Hausaufgaben etwas genauer. Schreibe auf, was du erledigen musst und was du darüber hinaus noch tun könntest. Reihe die Aufgaben so, dass ähnliche Fächer nicht hintereinander folgen.

Tagesplan für den ____________________

Mussziele

____

____

____

____

____

Kannziele

____

____

____

3.2 Klassenarbeitsvorbereitung

Nicht nur die Hausaufgaben bedürfen einer gewissen Planung, sondern auch längerfristig zu erledigende Lernaufgaben, wozu vor allem die Klassenarbeitsvorbereitungen gehören. Letzteres wird leider allzu häufig vernachlässigt. Wahrscheinlich ist dies damit zu erklären, dass Dinge, die nicht sofort erledigt werden müssen, leicht verdrängt und aufgeschoben werden. Die Folge dieses Aufschiebens ist aber, dass der Lernberg, sprich der Vorbereitungsstoff, immer größer und die Zeit, ihn zu bewältigen, immer geringer werden. Steht die Klassenarbeit dann unmittelbar bevor, rafft sich der Aufschieber endlich auf, um sich den Stoff anzueignen und zu üben. Oft ist es der Tag vor der Prüfung. Da wird dann stundenlang und pausenlos gelernt. Ein Nachteil dieses massierten Lernens ist, dass die Überfülle von Stoff die Aufnahme- und Verarbeitungsfähigkeit des Gehirns überlastet. Das Gehirn schützt sich gegen diese Überflutung, indem es Teile des Lernstoffes nicht aufnimmt. Ein weiterer Nachteil ist, dass die Angst, das Stoffpensum nicht mehr zu schaffen, zur verstärkten Ausschüttung von Stresshormonen führt. Diese bewirken wiederum Gedächtnis- und Denkblockaden.

Die Alternative zu diesem aufschiebenden und damit anhäufenden Lernstil ist eine schrittweise, geplante Prüfungsvorbereitung. Eine wichtige Voraussetzung hierfür ist eine gute, langfristige Zeitplanung. Das heißt konkret, dass der Schüler Klassenarbeitstermine in einen übersichtlichen Faltkalender oder Poster einträgt. Diese deutlich ins Auge springenden Termine sollen dazu motivieren, mit der Klassenarbeitsvorbereitung rechtzeitig zu beginnen. Wer sich damit schwer tut, soll Vorbereitungstage festlegen und sie im Kalender vormerken. Er könnte auch einen Plan machen, auf dem verzeichnet ist, welche Stoffgebiete wann durchgearbeitet werden. Genauso wie beim Tagesplan wird dann die erledigte Vorbereitungsportion durchgestrichen oder abgehakt, was zum motivierenden Gefühl des Vorwärtskommens führt.

Wer sich frühzeitig und portionsweise auf Klassenarbeiten vorbereitet, hat wichtige lernpsychologische Vorteile. Erstens kann sich der Stoff in Ruhe konsilidieren. Zweitens hat er noch Zeit zu einer abschließenden Gesamtwiederholung und Überprüfung. Und schließlich wird er auch nicht in die Stress erzeugende, blockierende Klassenarbeitsangst geraten.

Übung

Plane die Vorbereitung einer für die nächste Zeit angekündigten Klassenarbeit. Teile den Vorbereitungsstoff in Portionen ein und lege fest, an welchen Tagen du sie durcharbeiten möchtest. Teile die Zeit so ein, dass am Schluss noch Zeit für die Gesamtwiederholung bleibt.

Vorbereitungsplan für die Klassenarbeit

im Fach: am:

Vorbereitungstage	Stoff

3.3 Arbeitsplatz

Ein chaotischer Arbeitsplatz kann die Lernstimmung und den Arbeitsablauf stören. Befinden sich auf der Schreibfläche lernfremde Gegenstände, dann ist diese Gefahr besonders groß.
Wer zu lernen beginnen möchte und gleichzeitig ein spannendes Comic-Heft auf der Schreibfläche liegen hat, braucht sich nicht zu wundern, wenn ihm die Lerninhalte trocken vorkommen und er das Lernen immer wieder durch das Blättern im Comic-Heft unterbricht.
Ein weiterer wichtiger Punkt der Arbeitsplatzgestaltung ist die Ausschaltung akustischer Störquellen. Wer zum einen eine problemlösende Tätigkeit verrichtet – z. B. Übersetzen oder Textaufgaben lösen – und zum anderen eine Musiksendung oder Schallplatte hören möchte, soll nicht erstaunt sein, wenn Konzentrations- oder Gedächtnisprobleme auftreten. Eine relativ leise, nicht durch Kommentare unterbrochene Musikkulisse schadet nur dann nicht, wenn man leichte, bereits verstandene Lerninhalte lediglich wiederholt. Ansonsten soll man nicht bei Musik lernen.
Oftmals sind auch die Lichtverhältnisse lernhindernd. Entweder erzeugt die Lichtquelle zu grelles oder zu wenig Licht. Es kann auch sein, dass die Schreibtischlampe falsch aufgestellt ist. Beim Rechtshänder muss das Licht von links kommen, beim Linkshänder von rechts.
Auch muss man darauf achten, dass auf der Schreibtischfläche jene Dinge liegen, die man am häufigsten beim Lernen braucht: Schreibwerkzeuge, Schreibpapier, Radiergummi, Nachschlagewerke.
Weniger wichtige Dinge, die man nur ab und zu benötigt, sollten in Reichweite (Schublade) oder im Holbereich (Regal) lagern.
Auch erhöhte Raumtemperatur kann das Lernverhalten stören. Sie ist dann am günstigsten, wenn sie ca. 19 Grad beträgt: Im Übrigen dient die Einhaltung dieses Richtwertes auch dem Energiesparen.
Schließlich sollte man noch prüfen, ob Tisch und Stuhl lernfördernd beschaffen sind. Die Tischfläche sollte mindestens 100 × 60 cm betragen. Denn man muss Arbeitsmittel und Bücher lagern können. Der Tisch sollte weder ein Couchtisch noch ein besonders hoher Küchentisch sein, sondern etwa 80 cm hoch sein. Die Sitzfläche darf weder zu hart noch zu weich sein. Ideal wäre natürlich der eigene Schreibtisch, aber er ist aus Raum- oder Kostengründen nicht bei jedem Kind vorhanden.

Übung

Sieh dir den folgenden Arbeitsplatz genau an. Da ist einiges in Unordnung. Was könnte verbessert werden?

Verbesserungsvorschläge

1. ______________________________

____

____

2. ______________________________

____

____

3. ______________________________

____

____

4. ______________________________

____

____

3.4 Arbeitsmittel

Wenn von den Arbeitsmitteln die Rede ist, sollte zunächst Bestandsaufnahme gemacht werden. Welche Arbeitsmittel brauche ich ständig? Sind diese Arbeitsmittel auch tatsächlich vorhanden? In welchem Zustand befinden sie sich?
So passiert es nicht selten, dass man erst in der Klassenarbeit den mangelhaften Zustand des Zirkels bemerkt oder feststellen muss, dass man das Geodreieck nicht dabei hat. Bei der Verbesserung der Zeichnung entdeckt man, dass der Radiergummi schrecklich schmiert. Man möchte eine Figur ausmalen, aber der Filzstift ist ausgetrocknet. Solche Peinlichkeiten lassen sich vermeiden, wenn vor Klassenarbeiten die dafür notwendigen Arbeitsmittel auf Vollständigkeit und Qualität überprüft werden. Berücksichtigt man dies, kann manch unnötiger Stress in der Klassenarbeit vermieden werden. Man soll sich ja voll auf die Aufgabenlösung konzentrieren können.
Da Arbeitsmittel teuer sind, kann man überlegen, was selber hergestellt werden kann. So kann eine Zigarrenkiste oder Schuhschachtel in einen Lernkarteikasten umgewandelt werden. Die leeren Rückseiten von Werbematerial und Jahreskalender können als Konzept- oder Schmierpapier benutzt werden. Das Gurkenglas eignet sich sehr gut als Behälter für Schreibgeräte. Dies ist ein Beispiel für Recycling. Was normalerweise zu Abfall wird, wird nutzbringend wiederverwendet.
Zu den Arbeitsmitteln zählen auch Arbeitsblätter, Notizen und Mitschriften, deren Inhalt für eine Klassenarbeitsvorbereitung oft wichtiger ist als mancher Lehrbuchtext. Dennoch liegen sie oft ohne System und Ordnung in der Schultasche, auf dem Schreibtisch oder in Schubladen herum. Entweder vergeudet man viel Zeit beim Suchen oder man findet sie überhaupt nicht mehr. Um dies zu vermeiden, sollte man Arbeitsblätter, Notizen und Mitschriften in Ringbüchern oder Ordnern regelmäßig abheften, und zwar getrennt nach Unterrichtsfächern. Wer mit festgebundenen Heften arbeitet, sollte Arbeitsblätter in das Heft einkleben. Im Übrigen schadet es nicht, die Mitschrift mit einer Überschrift zu versehen, ein Datum anzugeben und sie am selben Tag nochmals durchzulesen. Außerdem könnte man am Fuß der Mitschrift einen Merkkasten anbringen, in dem das Wichtigste kurz zusammengefasst ist.
Lernförderlich ist es schließlich auch, wenn der Schüler grundlegende Nachschlagewerke wie Rechtschreibduden, Konversationslexikon, Wörterbuch und Formelsammlungen besitzt, zu benutzen weiß und regelmäßig gebraucht. Ist dem so, bleiben dem Lernprozess viele kleine Reibungsverluste erspart.

Übung

Überprüfe, ob die wichtigsten Arbeitsmittel vorhanden sind und in welchem Zustand sie sich befinden!

Arbeitsmittel	**schlechter Zustand**	**guter Zustand**	**fehlt**
Füller			
Bleistift			
Farbstifte			
Kugelschreiber			
Leuchtmarker			
Radierer			
Lineal			
Geodreieck			
Zirkel			
Schere			
Kleber			
Malfarben			
Pinsel			
Hefte			
Ringbuch			
Ordner			
Schnellhefter			
Taschenrechner			
Formelsammlung			
Schreibblock			
Ringbucheinlagen			
Locher			
Büroklammern			
Aufgabenheft			
Terminkalender			
Rechtschreibduden			
Fremdsprachliches Wörterbuch			
Allgemeines Lexikon			

4. Gedächtnis

Das Gedächtnis ist eine elementare Voraussetzung menschlichen Lernens. Es befähigt uns, neue Erfahrungen zu speichern und im Bedarfsfall wieder abzurufen. Die Qualität des Gedächtnisses hängt zunächst einmal von einer regelmäßigen Beanspruchung ab. Diese sorgt für den so genannten Funktionserhalt. Und zwar in ähnlicher Weise wie körperliche Betätigung das Funktionieren der Muskeln gewährleistet.
Wird der Mensch gedächtnismäßig unterfordert, kommt es zu einer Minderung oder im Extremfall gar zu einer Verkümmerung der Gedächtnisfunktion. Gehirnanatomisch äußert sich dies in einem überdurchschnittlichen Absterben von Gehirnzellen, die ja das Substrat sind, in dem unser Wissen gespeichert wird. Dies kann durch regelmäßige Gedächtnisübungen verhindert werden, wie sie in Kapitel 4.1 unter dem Stichwort „Gedächtnisjogging“ beschrieben sind. Diese Trainingsarbeit trägt, so das Ergebnis neuropsychologischer Studien, sehr zur Stärkung der natürlichen Gedächtniskraft bei. Sie sollte jedoch in wohl dosiertem Maße betrieben werden, da psychische Sättigungserscheinungen ansonsten sich gedächtnishemmend auswirken können.
Förderlich für die Gedächtnisleistung ist aber nicht nur Gedächtnisjogging, sondern auch eine effektive Gedächtnisstrategie. Darunter sind alle Lernweisen zu verstehen, die das Einprägen und Erinnern von Wissen erleichtern, steuern und verbessern helfen. Hierzu zählen vor allem das mehrkanalige Lernen, der Einsatz bildhafter Gedächtnisstützen sowie das Rhythmisieren und Gruppieren. Wie solche Strategien bei der Bewältigung alltäglicher Gedächtnisaufgaben nutzbar gemacht werden können, ist Hauptanliegen dieses Kapitels. Wer sie beherrscht, spart viel Lernzeit und Lernenergie.

4.1 Gedächtnisjogging

Normalerweise können Schüler sich binnen kurzer Zeit ca. 10–12 unterschiedliche Informationseinheiten einprägen und anschließend wiedergeben. Diese Obergrenze, auch Gedächtnisspanne genannt, erreicht der Mensch nicht automatisch, sondern nur durch regelmäßiges Üben. Wird er nicht von Zeit zu Zeit gefordert, sich an neu aufgenommene Informationen zu erinnern, schrumpft das Fassungsvermögen seines Gedächtnisses.
Ähnlich wie Jogging, also Lauftraining, den Körper fit hält, stärkt Merktraining die Gedächtnisfunktion. Genauso wie die Körpermuskeln wollen Geist und Gehirn beansprucht und gefordert sein! Das Gedächtnisjogging wirkt sich nicht nur in einer größeren Gedächtnisspanne, sondern auch in einer Vergrößerung der Gehirnmasse insgesamt aus. Vermehrte psychische Aktivität führt also zu einer Vermehrung der grauen Zellen bzw. unserer „Denkchips“.
Nachstehend werden Lernspiele aufgezeigt, die sich zum Gedächtnisjogging besonders gut eignen. Es handelt sich zum einen um Kim-Spiele und zum anderen um verschiedenste Varianten des ebenso populären Kofferpackens. Solche Gedächtnisübungen wirken auf Schüler besonders motivierend. Um diese Motivierungswirkung zu erhalten, sollten sie allerdings nicht zu lange an einem Stück durchgeführt werden, sondern regelmäßig, in wohl dosierten Kurzübungen.

Tuch-Kim

Auf einem Tisch befinden sich unter einem Tuch zehn Gegenstände (Schere, Ball, Dose, Glas, Kerze, Apfel, Flasche, Tasse, Federball, Plüschtier). Das Tuch wird ca. zehn Sekunden weggenommen und dann wieder auf die Gegenstände gelegt. Jetzt schreiben die Schüler auf, was sie gesehen haben.

Folien-Kim

Auf eine Folie werden zehn Wörter geschrieben. Diese Folie wird dem Schüler mit dem Tageslichtprojektor zehn Sekunden gezeigt. Nachdem der Projektor wieder abgeschaltet ist, wird das Gezeigte schriftlich wiedergegeben.

Flieger-Kim

Zehn Gegenstände werden den Schülern unmittelbar hintereinander gezeigt. Daraufhin schreiben sie die im Gedächtnis gebliebenen Gegenstände auf.

Ohren-Kim

Den Schülern werden bei geschlossenen Augen zehn unterschiedliche Geräusche vorgemacht: in die Hände klatschen, mit den Fingern auf den Tisch trommeln, pfeifen, mit der Zunge schnalzen, mit der Tischglocke läuten, Papier zusammenknüllen, mit den Füßen scharren, ein Streichholz anzünden, hauchen, husten. Danach wird aus dem Gedächtnis aufgeschrieben, um welche Geräusche es sich gehandelt hat.

Tast-Kim

Es wird ein Sack mit zehn verschiedenen Gegenständen herumgereicht. Jeder Schüler darf ihn von außen betasten. Hinterher wird aufgeschrieben, was man gefühlt hat.

Koffer-Packen

Der Lehrer nennt den ersten Satz. Jetzt wiederholt ein Schüler den Satz des Lehrers und fügt noch einen Satzteil dazu. Dieses Spiel geht reihum so weiter. Gerät ein Schüler ins Stocken, muss er ein Pfand abgeben.

In meinem Koffer ist ...
In meinem Einkaufskorb ist ...
Im Kino läuft ...
Ich wünsche mir zum Geburtstag ...
An der Wäscheleine hängen ...
In der Kneipe bestelle ich ...
Ich kaufe ein ...
Auf der Straße sehe ich ...
Ich reise nach ...
Im Tierpark sind ...
In der Stadt treffe ich ...
Im Radio höre ich ...

4.2 Lerntypgemäßes Merken

Manche Schüler haben einen Gehirnbereich, in dem sie Lernstoff besonders gut aufnehmen, verarbeiten und abrufen können. Man nennt sie Hör-, Lese-, Seh-(Bilder-) oder Handlungstypen. Bei anderen Schülern, den so genannten Mischtypen, sind mehrere Gehirnbereiche gleichmäßig ausgeprägt. Oft wissen Schüler nicht, welchem Lerntyp sie angehören und lernen deshalb womöglich falsch. Zur Erkennung des eigenen Lerntyps kann der nachstehende Fragebogen (Lerntyp-Test) dienlich sein.
Aus den Punktzahlen lässt sich ersehen, welche Art von Lerntyp man ist. Gleichzeitig wird überlegt, ob das bisherige Merkverhalten dem Lerntyp entspricht. Stellt jemand zum Beispiel fest, dass er ein Handlungstyp ist, diesen Lernweg aber beim häuslichen Lernen selten benutzt, soll er sein Merkverhalten ändern. Das heißt, er müsste Vokabeln häufiger schriftlich kontrollieren, schwierige Matheaufgaben nochmals Schritt für Schritt rechnen oder Lerntexte in Form von Auszügen, Skizzen oder Tabellen schriftlich zusammenfassen.
Die Auswertung darf jedoch nicht zur Schlussfolgerung führen, beim Lernen brauche nur noch der starke Lernweg benutzt werden. Damit der Lernstoff fest verankert wird, muss auch in den übrigen Lernbereichen gelernt werden. Und wer ein Mischtyp ist, sollte möglichst gleichmäßig von den verschiedenen Lernwegen Gebrauch machen, das heißt, mehrkanalig lernen.

Lerntyp-Test

Gib bei den unten stehenden Aussagen an, wie viel du auf dem betreffenden Lernweg behältst.
Trage eine 3 ein, wenn du viel behältst.
Trage eine 2 ein, wenn du manches behältst.
Trage eine 1 ein, wenn du wenig behältst.

---

1. Der Lehrer erklärt mir etwas in Form eines Vortrags. ☐
2. Ich lese einen Text ein paar Mal durch. ☐
3. Es wird im Unterricht ein Film gezeigt. ☐
4. Ich schreibe aus einem Text Stichwörter heraus. ☐
5. Ein Text wird vorgelesen. ☐
6. Ich lese Englischwörter ein paar Mal. ☐
7. Ich schaue mir eine Abbildung im Lehrbuch genau an. ☐
8. Ich fertige zum Lernstoff eine Zeichnung an. ☐
9. Ein Mitschüler erklärt mir etwas. ☐
10. Ich lese eine Geschichte im Deutschbuch. ☐
11. Der Lehrer zeigt zu einem Lernstoff einen Gegenstand. ☐
12. Ich rechne zum Mathestoff einige Übungsaufgaben. ☐
13. Es wird ein Hörspiel dargeboten. ☐
14. Ich lese eine mathematische Regel mehrmals durch. ☐
15. Der Lehrer stellt etwas in Form einer Tafelzeichnung dar. ☐
16. Ich schreibe die Englischwörter ein paar Mal. ☐

Du erhältst die Ausprägung der vier Lerntypen (niedrigster Wert = 4, höchster = 12), indem du die Punktzahlen folgendermaßen zusammenzählst:

Lerntyp Hören
Nr. 1 + Nr. 5 + Nr. 9 + Nr. 13 = ______________________

Lerntyp Lesen
Nr. 2 + Nr. 6 + Nr. 10 + Nr. 14 = ______________________

Lerntyp Sehen
Nr. 3 + Nr. 7 + Nr. 11 + Nr. 15 = ______________________

Lerntyp Handeln
Nr. 4 + Nr. 8 + Nr. 12 + Nr. 16 = ______________________

4.3 Wortketten merken

Wortketten, wie sie in Arbeitsaufträgen, Wegbeschreibungen oder Bedienungsanleitungen oft vorkommen, rufen meist Merkschwierigkeiten hervor. Diese rühren daher, dass man den Ablauf wortwörtlich speichern möchte. Das Merken gelingt besser, wenn die Wortkette mit anderen Sinnesvorstellungen verknüpft wird. Und zwar mit Bildern, Bewegungen, Tastempfindungen, Geräuschen oder Gerüchen. Diese Art des mehrkanaligen Speicherns will jedoch geübt sein. Am besten eignen sich hierzu Wortketten, die alltägliche Arbeits-, Weg- oder Terminabläufe enthalten. Sie werden den Schülern langsam vorgelesen, damit diese genügend Zeit haben, die einzelnen Wörter mit anderen Sinnesvorstellungen zu verknüpfen. Im Anschluss daran muss die Wortkette in der richtigen Reihenfolge aus dem Gedächtnis niedergeschrieben werden. Bei weiteren Übungen kann man die Wortkette verlängern und als zusätzlichen Übungsanreiz die Wortkette auch mal von hinten wiedergeben lassen.

Wecker zum Uhrmacher
↓
Notizblock kaufen
↓
Buch in der
Bibliothek abgeben
↓
Tee kaufen
↓
Fotos abholen
↓
bei Oma vorbeischauen

Unterführung
↓
Einkaufstraße
↓
Münsterplatz
↓
Springbrunnen
↓
Musikhaus
↓
Fischgeschäft

4.4 Mehrkanaliges Vokabelmerken

Lernstoff, insbesondere Vokabeln, sollte über mehrere Sinneskanäle zu den Speicherplätzen der Großhirnrinde gelangen (s. u.). Je mehr Sinneskanäle benutzt werden, desto sicherer wird er verankert und vernetzt. Nimmt man Vokabeln lediglich lesend auf, ist an der Speicherung nur ein Feld der Großhirnrinde beteiligt. Lernt man sie nicht nur lesend, sondern auch sprechend, hörend, bildlich sehend (z. B. über eine bildliche Vorstellung) und schreibend, werden sie fünffach gespeichert.

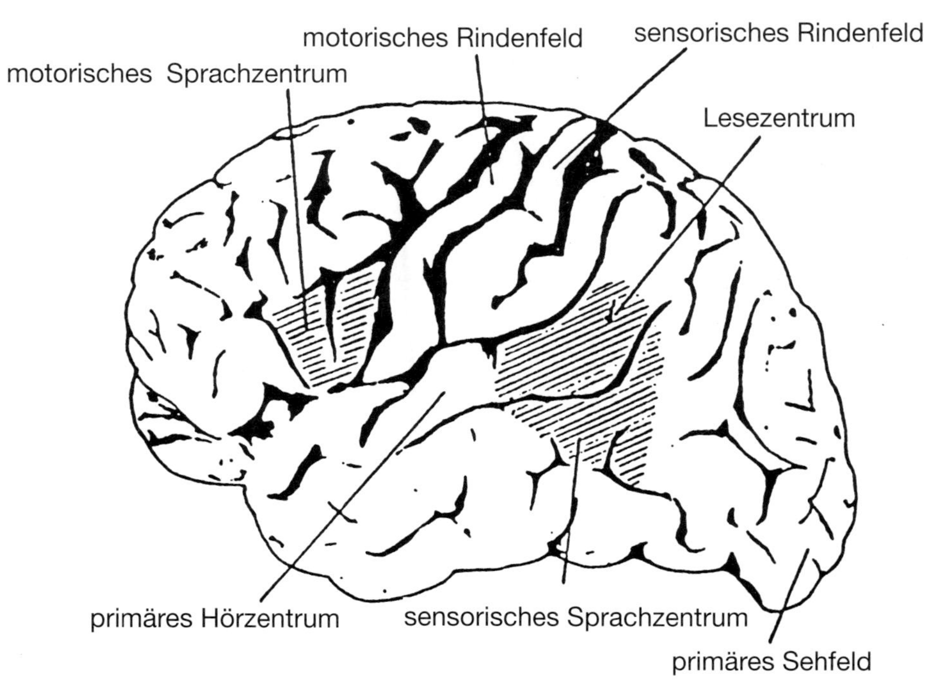

Zuerst liest man die Vokabeln laut durch. Nach zwei- bis dreimaligem Durchlesen deckt man eine Seite zu und kontrolliert schreibend und sprechend, ob das Gelernte sitzt. Diese Lern- und Kontrollgänge werden so lange wiederholt, bis man alle Vokabeln beherrscht. Vokabeln dürfen nicht massiert, d. h. dicht gedrängt gelernt werden. Vokabeln sollte man blockweise lernen. Ein Block umfasst gewöhnlich 10 Vokabeln. Zwischen den Blöcken müssen mehrminütige Pausen liegen. Ist dies nicht der Fall, kommt es zu Gedächtnishemmungen. Täglich sollten nicht mehr als 20–30 Vokabeln gelernt werden. Zu große Vokabelmengen zerstören die Lernlust oder führen zu Gedächtnisblockaden. Die Vokabelmenge kann in schwer merkbare und leicht merkbare Vokabeln unterteilt werden. Die schwierigen Vokabeln sollte man besonders oft lesen, sprechen und schreiben. D. h., man unterzieht sie einer Sonderbehandlung. Im Übrigen lassen sie sich auch leichter merken, wenn man sie in Verbindung mit leichten Wörtern oder kleinen Sätzen aufnimmt. Es ist von Vorteil, gelernte Vokabeln am selben Tag nochmals zu kontrollieren. Diesen Vorgang kann man verkürzen, indem nur noch die schwer merkbaren Vokabeln (mit Kreuz kennzeichnen) geprüft werden. Das Merken und Wiederholen von Vokabeln kann durch das Anlegen von Lernkarteien unterstützt werden. Hierzu verwendet man DIN-A7-Karteikarten. Auf die Vorderseite kommt das fremdsprachliche Wort, auf die Rückseite die deutsche Bedeutung. Aus lernökonomischen Gründen sollte das Anfertigen von Karteikarten nur bei schwierigen Vokabeln gehandhabt werden. Haben sich genügend Vokabelkarten angesammelt, sollte wiederholt werden. Man zieht eine Vokabelkarte heraus und versucht sie zu beantworten. War die Wiedergabe richtig, wird die Karte beiseite gelegt. War sie falsch, wird sie zurückgelegt.
Man kann auch einen Karteikasten mit mehreren Fächern anfertigen (s. u.). Hat sich das erste Fach mit Vokabeln gefüllt, findet eine Wiederholung statt. Richtig beantwortete wandern ins zweite Fach, falsch beantwortete bleiben im ersten Fach. Dieser Vorgang wird im Lauf der Zeit so lange wiederholt, bis alle Karten im letzten Fach angelangt sind.
Abschließend noch ein wichtiger Hinweis: Trotz der Möglichkeit, Vokabeln auch auf andere Art und Weise zu lernen, sollte auf das Anlegen eines Vokabelheftes nicht verzichtet werden. Es regt zur Selbsttätigkeit an, lässt sich leicht transportieren und ist vor allem dann vonnöten, wenn Lektüren übersetzt werden, die keine Vokabelverzeichnisse enthalten.

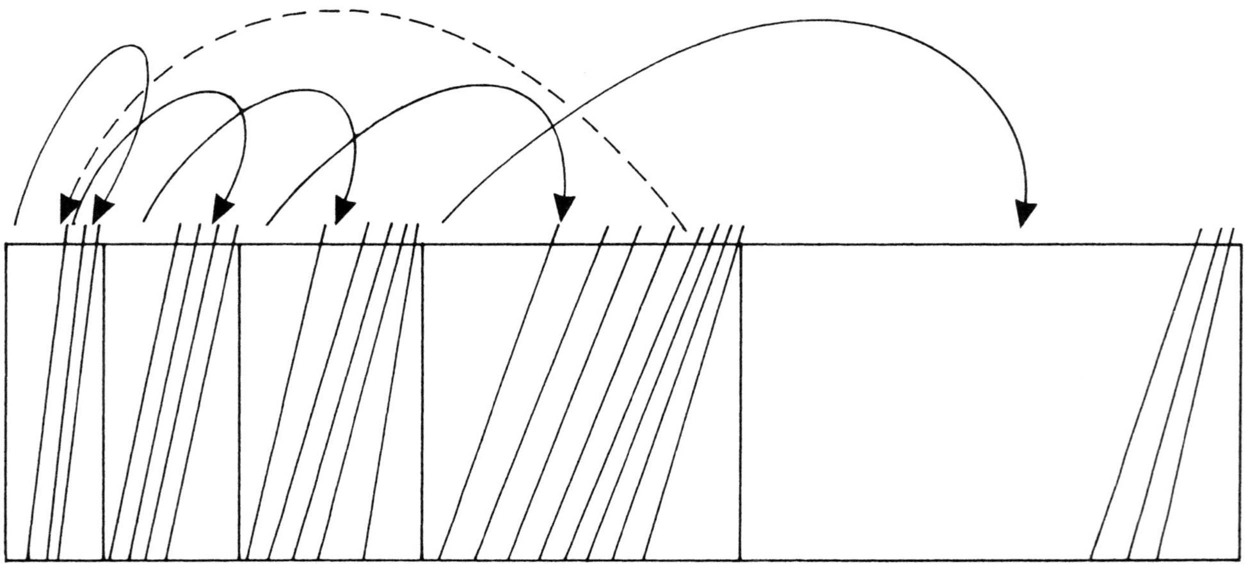

Übung

Den Schülern wird auf einer Folie oder auf der Tafel eine Liste von 7–10 Vokabeln vorgegeben. Links stehen die fremdsprachlichen Wörter, rechts die deutschen Bedeutungen. Zunächst liest der Lehrer jedes Wortpaar laut vor. Sofort danach wiederholt die ganze Klasse im Chorsprechen dieselbe Prozedur. Nachdem der akustisch-sprechmotorische Lernweg beendet ist, werden die fremdsprachlichen Wörter abgeschrieben, und zwar untereinander. Nun versucht jeder Schüler in einer kurzen Stillarbeitsphase jede Vokabel in einen kleinen Satz oder in eine bildhafte Vorstellung einzubetten. Daraufhin beginnt die erste schriftliche Kontrolle. Die Schüler drehen ihr Übungsblatt um, und der Lehrer deckt auf der Folie bzw. auf der Tafel die fremdsprachlichen Wörter zu. Jetzt muss vom Deutschen in die Fremdsprache übersetzt werden. Anschließend deckt der Lehrer die fremdsprachliche Spalte wieder auf, und die Schüler korrigieren. Nicht gewusste oder falsche Wörter werden nochmals geschrieben.

4.5 Zahlenreihen merken

Je länger Zahlenreihen sind, desto schwieriger wird es, sie im Kurzzeitgedächtnis zu speichern. Der Grund: Nur etwa 7 +/– 2 Informationseinheiten passen in den Kurzzeitspeicher rein.
Das geringe Speichervermögen kann aber durch Gruppieren bzw. Rhythmisieren umgangen werden. Wenn man eine sechsstellige Zahl zu drei Zweiergruppen zusammenfasst, wird die ursprüngliche Informationsmenge auf drei Zahlen reduziert. Man sagt beim Merken also nicht 6.8.7.6.0.3, sondern 68.76.03. Es ist auch möglich, Dreiergruppen zu bilden (687.603) oder innerhalb einer Reihe unterschiedliche Gruppierungen vorzunehmen (6.87.603).
Das gruppierende Zahlenmerken kann angewandt werden bei

- Telefonnummern
- Notrufnummern
- Kontonummern
- Eurocheque-Kartennummern
- mathematisch-naturwissenschaftlichen Konstanten
- Geburtstagen
- Zahlenschloss-Nummern

Das Speichern von Zahlenreihen lässt sich trainieren. Am besten beginnt man mit kurzen Reihen und geht dann Schritt für Schritt zu längeren Reihen über. Die zu merkende Zahlenreihe darf nur ein paar Sekunden genannt oder gezeigt werden. Zu empfehlen ist die Präsentation mit dem Tageslichtprojektor. Sofort nach der Kurzdarbietung schreiben die Schüler die Zahlenreihe aus dem Gedächtnis nieder. Anschließend wird der Projektor wieder eingeschaltet, um das Erinnerungsergebnis überprüfen zu lassen.

Zur Übungsarbeit eignet sich die nachstehende Kopiervorlage. Bei der Darbietung und Kontrolle die restlichen Zeilen immer abdecken!

47823

73235

986134

352976

8315624

5793176

18243198

07921465

212397561

351762624

1024865152

5643213407

02974352346

91467801925

4.6 Namen merken

Das Merken von Familiennamen ist eine wichtige Alltagsaufgabe. Gutes Namenmerken hilft weiter beim schulischen Lernen (z. B. in Geschichte), erleichtert das berufliche Handeln (z. B Merken von Kundennamen) und ist auch im privaten Bereich von Nutzen (z. B. Namen der Nachbarn). Und im Übrigen freut sich jeder Mensch, wenn man ihn mit seinem Namen anspricht. Man erlebt es meist als positiv, in jemands Gedächtnis zu sein. Andererseits kann es sehr unangenehm sein, wenn uns bei wichtigen Begegnungen der Namen des Gegenübers nicht einfällt.
Die Frage lautet nun: Wie können Namen besser behalten werden? Die Antwort ist leicht, wenn es sich um Namen handelt, die einfach und konkret sind. Dann muss man lediglich die im Wort enthaltenen Vorstellungsbilder mit dem Namen verknüpfen. Herrn Müller stellen wir uns als Müller vor, Frau Linde als Linde. Oder man koppelt den bildhaften Namensinhalt mit einem zweiten Bild: Herr Berg wird zum Bergführer. Darüber hinaus ist es auch möglich, den Namen mit einem markanten Merkmal des Namensträgers zu koppeln. Beispiel: Herr Braun trägt einen Bart, woraus das Vorstellungsbild „Braunbart“ entsteht. Schwieriger wird das Namenmerken, wenn der Familienname keinen konkreten Sinngehalt hat und deshalb nicht unmittelbar verknüpft werden kann. In solchen Fällen besteht die Merkarbeit darin, den Namen sinnvoll zu machen. Und zwar durch Umformen, Erweitern oder Zerlegen.

Beispiel 1:

Herr Knopp lässt sich besser merken, wenn er mit den klangähnlichen Wörtern „Knopf“ oder „knapp“ verknüpft wird.

Beispiel 2:

Frau Kaminski stellt man sich vor, wie sie ihren Ski im offenen Kamin verfeuert.

Beispiel 3:

Der Namen „Gatzke“ lässt sich in Fatzke (= eitler Mensch) umwandeln.

Beispiel 4:

Frau Maryllis kann man besser behalten, wenn vor dem „M“ ein „A“ gesetzt und sie somit mit der Zierpflanze „Amaryllis“ bildhaft verknüpft wird.

Entsprechend diesen Beispielen sollen die Schüler das Behalten schwer merkbarer Familiennamen üben.

Du hast zehn Minuten Zeit, dir die folgenden Namen merkbar zu machen.

Goerken ______________________________

____

Wieczorek ______________________________

____

Ruepp ______________________________

____

Polzer ______________________________

____

Nille ______________________________

____

Grehl ______________________________

____

Dodel ______________________________

____

Cherbon ______________________________

____

Zilz ______________________________

____

Janouschek ______________________________

____

4.7 Merkstützen

Nicht alles, was man verstanden und begriffen hat, lässt sich auch leicht merken. Daten, Fakten und Ereignisse bereiten einem so manche Merkschwierigkeiten. Es sind oft viele Wiederholungen vonnöten, um den Merkstoff fest zu verankern. Erleichtern lässt sich diese Merkarbeit durch Mnemotechniken bzw. Gedächtnisstützen. Das Prinzip der Gedächtnisstützung besteht darin, dass schwer einprägbare Informationen mit einfacheren Vorstellungen verknüpft werden. Oder lernbiologisch ausgedrückt: Man sollte versuchen, Lernstoff nicht nur in die linke, sondern auch in die „merkstärkere“ rechte Gehirnhälfte zu transportieren.

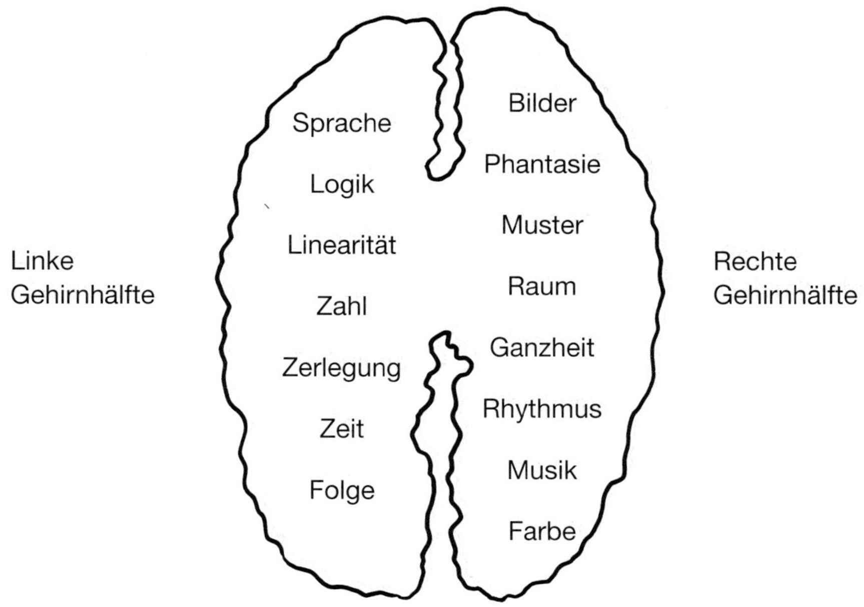

Eine sehr beliebte Gedächtnisstütze ist das Merken nach Rhythmus und Reim. Mit Hilfe dieser Gedächtnistechnik haben sich die antiken Völker lange Heldenlieder wie die Odyssee merken können. Gereimtes lässt sich besser speichern und abrufen als Ungereimtes! Im Reim ruft das eine Wort das klangähnliche andere Wort hervor. So zum Beispiel im historischen Merkvers „Drei – Drei – Drei, bei Issus Keilerei“. Dies lässt sich besser merken als der Satz „333 v. Chr. fand die Schlacht bei Issus statt“.
Eine ebenfalls wirksame Mnemotechnik ist die Anfangsbuchstabenmethode. Mehrere Wörter einer Regel oder eines Sachverhaltes lassen sich besser merken, wenn man ihre Anfangsbuchstaben zu einem leicht behaltbaren Merkwort zusammensetzt. Wer sich beispielsweise damit schwer tut, die Abfolge der Mittelohrknöchelchen Hammer, Amboss und Steigbügel zu merken, kann aus deren Anfangsbuchstaben das Merkwort HAS (klingt wie Hase) machen. Es wird ihm dann leicht fallen, mit Hilfe dieses Aufhängers die Lerninformation zu speichern und abzurufen.
Zu empfehlen ist auch die Geschichtentechnik. Und zwar dann, wenn relativ unverbundene Informationen gemerkt werden müssen. Werden diese Einzelinformationen in den Sinnzusammenhang einer Geschichte eingebettet, sind sie plötzlich leichter merkbar und abrufbar. Auf die Einkaufsliste Butter – Streichhölzer – Schreibblock – Servietten – Kräuter angewandt, könnte die Merkgeschichte so lauten: Eine Kräuterbutter wird durch brennende Streichhölzer erwärmt, tropft auf den Schreibblock, und ich versuche sie mit einer Serviette aufzutupfen. Je nach Länge der Merkliste können ein, zwei oder drei Merkgeschichten zur Gedächtnisstützung verwendet werden. Und sie können durchaus komisch sein. Wichtig ist nur, dass die Wörter durch die Geschichten zusammengehalten werden.
Nicht zuletzt bietet sich das Anfertigen von Zeichnungen als Merkstütze an. Dadurch lassen sich vor allem abstrakte Wörter besser behalten. Diese bereiten nämlich dem Gedächtnis besondere Schwierigkeiten, weil sie sich nicht auf Anhieb mit anschaulichen Bewusstseinsinhalten verknüpfen lassen. Wer zu einem schwer merkbaren Begriff ein Symbol bzw. eine Merkzeichnung kreiert, tut sich beim Einprägen wesentlich leichter.

Übung

Es soll gezeigt werden, dass sich abstrakte Wörter leichter merken lassen, wenn sich die Schüler ein Bild bzw. eine Zeichnung davon machen. Hierzu wird ein Gedächtnisexperiment durchgeführt. Den Schülern werden zunächst abstrakte Wörter (LISTE A) langsam vorgelesen. Sie hören aufmerksam zu und versuchen, möglichst viele Wörter zu behalten. Ist die Vorlesung beendet, schreiben sie die gemerkten Wörter aus dem Gedächtnis auf. Anschließend wird die LISTE B vorgelesen, und zwar so, dass nach jedem Wort ein paar Sekunden Zeit fürs Merkzeichnen gelassen wird. Die Merkzeichnungen brauchen nicht schön zu sein. Wichtig ist, dass das betreffende Wort durch eine aus ein paar Strichen bestehende Zeichnung zum Ausdruck gebracht wird. Wenn die letzte Merkzeichnung fertig ist, wird das Blatt umgedreht und aufgeschrieben, was an Wörtern im Gedächtnis geblieben ist. Schließlich werden die Merkergebnisse von LISTE A und B miteinander verglichen. Bei der Mehrzahl der Schüler müsste das Merkzeichnen zu einem besseren Merkergebnis geführt haben.

Liste A

Freude
Ehrlichkeit
Trauer
Wetter
Glück
Schulden
Mut
Anstrengung
Angst
Bildung

Liste B

Eigentum
Not
Zauber
Enttäuschung
Zuneigung
Ziel
Erlebnis
Urteil
Höflichkeit
Trost

Übung

Die folgende Merkübung soll verdeutlichen, wie hilfreich Geschichten als Merkstützen sind.
Liste A wird auf einer Folie 30 sec zum Behalten dargeboten. Nach der Darbietung schreiben die Schüler aus dem Gedächtnis auf, was sie behalten haben. Danach wird Liste B 30 sec zum Behalten gezeigt. Gleichzeitig werden die Schüler aufgefordert sich das Merken zu erleichtern, indem sie die Wörter zu Merkgeschichten zusammenfassen. Hinterher erfolgt wieder eine schriftliche Erinnerungsprüfung. Jetzt werden die Merkergebnisse beider Listen miteinander verglichen.

Liste A

Gabel

Kerze

Auto

Hemd

Füller

Apfel

Schaufel

Klammer

Puppe

Tasche

Foto

Bürste

Liste B

Seife
Klavier
Nadel
Tür
Herd
Wand
Hose
Garten
Buch
Schal
Ring
Käse

Übung

Fertige für den folgenden Lerntext eine Skizze an, die dir das Verstehen und Merken erleichtern soll.

Elektrische Ladung

Elektrische Ladung ist eine grundlegende Eigenschaft der Materie. Die Protonen der Atomkerne tragen eine positive Ladung, während die Elektronen eine negative besitzen. Normalerweise enthält ein Atom ebenso viele Protonen wie Elektronen, weshalb es nach außen keine elektrische Ladung zeigt. Man sagt dann: Es ist neutral. Die elektrische Ladung von Substanzen rührt daher, dass in ihnen ein Ungleichgewicht zwischen positiven und negativen Ladungen vorliegt. Ein elektrisch geladener Körper übt auf andere Körper eine Kraft aus. Gleichnamige Ladungen (also positiv-positiv und negativ-negativ) stoßen einander ab, ungleichnamige (positiv-negativ oder umgekehrt) ziehen sich dagegen an.

4.8 Gruppierendes Merken

Je umfangreicher ein Lernstoff ist, desto schwieriger ist es, ihn zu behalten. In einer solchen Situation kann es sehr hilfreich sein, die Einzelinformationen des Lernstoffes nach logischen Gesichtspunkten zu gruppieren. Dadurch wird das schmale Eingangstor unseres Bewusstseins, das Kurzzeitgedächtnis, passierbarer. Die zu Oberbegriffen gebündelten Einzelinformationen sind leichter merkbar als in weniger organisierter Form.
Das Gruppieren erleichtert aber nicht nur das Merken, sondern auch das Erinnern. Und zwar deshalb, weil das Abrufsignal gleichzeitig mit dem Oberbegriff auch die ihm angehörenden Wörter ins Gedächtnis zurückholt.

Übung

Die gedächtnisfördernde Wirkung des Gruppierens kann den Schülern am Beispiel eines kleinen Gedächtnisexperiments gezeigt werden. Dieses beginnt damit, dass ihnen eine Liste A 20 sec mit dem Projektor gezeigt wird. Die Liste enthält 12 zufällig aufgereihte Wörter.
Nach der Darbietung müssen die im Gedächtnis verbliebenen Wörter zu Papier gebracht werden.
Nun wird ihnen eine Liste B ebenfalls 20 sec zum Merken projiziert. Diese Liste unterscheidet sich von der ersten dadurch, dass die Wörter nach Oberbegriffen gruppiert sind. Hinterher muss das Behaltene wieder aus dem Gedächtnis niedergeschrieben werden.
Abschließend werden beide Erinnerungsergebnisse miteinander verglichen. Ein Großteil der Schüler erinnert sich normalerweise besser an die gruppierte Liste.

Liste A

Reh

Buche

Fuchs

Gitarre

Pflaume

Tanne

Pfirsich

Flöte

Hase

Trommel

Zitrone

Pappel

Liste B

Amsel

Meise

Spatz

Rose

Veilchen

Nelke

Metzger

Bäcker

Tischler

Hemd

Hose

Jacke

Übung

Das Gedächtnisexperiment hat uns gezeigt, wie sehr sich gruppierter Lernstoff besser merken lässt. Oft ist aber Lernstoff nicht so geordnet, dass er bereits gedächtnisfördernd wirkt. Deshalb muss der Lernende ihn meist selbst neu umarbeiten und einteilen. Wie Lernstoff nach Oberbegriffen gruppiert werden kann, soll am Beispiel der folgenden Namensliste geübt werden. Die Schüler werden nach Abschluss der Übung und bei der Besprechung der Ergebnisse erstaunt sein, wie viele Gruppierungsmöglichkeiten selbst in einem einfachen Merkstoff stecken.

Richard

Urs

Verena

Bärbel

Oliver

Rita

Gerd

Heike

Axel

Gruppierungsbeispiele:

1. Männliche und weibliche Namen.
2. Ein-, zwei- und dreisilbige Namen.
3. Namen mit einem Vokal am Wortanfang und Namen mit einem Konsonant am Wortanfang.
4. Namen, die im Verwandten-, Bekannten- oder Freundeskreis vorkommen, und Namen, die dort nicht vorkommen.
5. Namen, die Klassenkameraden auch haben, und Namen, die es in der Klasse nicht gibt.
6. Namen, die meine Lieblingssportler oder Lieblingssänger tragen, und Namen, die ich mit diesen Personen nicht verknüpfen kann.
7. Namen, die in der ersten Alphabethälfte stehen, und Namen, die in der zweiten Alphabethälfte stehen.
8. Namen, die später auch die eigenen Kinder haben könnten, und Namen, die dafür auf keinen Fall in Frage kämen.

5. Textlernen

Ein Großteil des Lernstoffes wird in Textform dargeboten. Viele Schüler tun sich mit dem Textlernen schwer. Aus lernpsychologischer Sicht ist daran vor allem ihr oberflächlicher Lernstil schuld. Um den Textinhalt zu verstehen und zu speichern, lesen sie den Text immer wieder durch, bis sie glauben, dass er sitzt.

Diese monotone Lernweise zeitigt zwei negative Konsequenzen. Zum einen werden die Textinhalte auf der Großhirnrinde nicht richtig verankert. Zum anderen führt die ständige Benutzung ein und desselben Lernweges zu Konzentrationsminderungen. Wer Texte wirksam lernen möchte, muss sie schrittweise und auf mehreren Lernwegen verarbeiten. Zunächst liest man den Text konzentriert durch und bemüht sich darum, ihn zu verstehen. Hat man Verständnisschwierigkeiten, geht man ihn ein zweites Mal durch. Bei unbekannten Wörtern fragt man nach oder zieht ein Lexikon zu Rate. Nun kommt ein ganz wichtiger Textlernschritt: Man überlegt, was tatsächlich wichtig und wesentlich ist. Durch Unterstreichen, Herausschreiben, Skizzieren, Strukturieren und Schematisieren wird der Text verknappt und verkürzt. Und somit wird er merkbarer. Anschließend wird der ganze Text nochmals durchgelesen, um die entstandenen Erinnerungsspuren zu vertiefen. Zu guter Letzt muss überprüft werden, ob das neu erworbene Wissen sitzt. Entweder sagt man wichtige Textinhalte in eigenen Worten auf oder schreibt sie in Stichworten aus dem Gedächtnis nieder. Eine weitere Möglichkeit der selbstständigen Lernkontrolle besteht darin, Fragen zum Text zu formulieren und sie selbst zu beantworten.

Im Folgenden werden Textlernübungen aus verschiedenen Schulfächern dargeboten, die sich zur Einübung des aktiven Textlernens eignen. Die Texte sollen möglichst nach den vorgegebenen Lernschritten bearbeitet werden. Die Bearbeitungszeit kann je nach Textlänge auf 10 bis 15 Minuten festgelegt werden. Diese reicht erfahrungsgemäß aus, um die einzelnen Schritte zu bewältigen. Anschließend drehen die Schüler das Blatt um und beantworten die Kontrollfragen auf der Rückseite. Diese Wissens- und Verständnisfragen sind ein Muster für die künftige Textlernarbeit, die der Schüler mit selbst formulierten Fragen abschließen soll.

> Die Übungen immer so kopieren, dass sich auf der Vorderseite des Übungsblattes der Lerntext und auf der Rückseite die Fragen befinden.

5.1 Lerntext Biologie 1

- **Lies den Text konzentriert durch!**
- **Unterstreiche wichtige Wörter (nicht mehr als 10–12) und schreibe sie anschließend heraus!**
- **Lies den ganzen Text nochmals durch!**
- **Beantworte die Fragen auf der nächsten Seite!**

Pinguine sind Vögel, die nicht fliegen können, aber an das Leben im Wasser gut angepasst sind. Dabei handelt es sich um ganz ähnliche Erscheinungen, wie wir sie schon von den ans Wasserleben angepassten Säugetieren wie Walen und Flossenfüßern kennen. So sind die Flügel der Pinguine zu flossenähnlichen Organen umgebildet, die nicht mehr mit großen Schwungfedern, sondern mit kleinen schuppenförmigen Federn bedeckt sind. Auch am übrigen Körper finden sich überwiegend kleine Federn. Dem Wärmeschutz im kalten Wasser dient eine Speckschicht unter der Haut. Die Beine der Pinguine sind sehr kurz: Alle vier Zehen sind nach vorne gerichtet und durch Schwimmhäute verbunden. Pinguine sind schnelle, wendige Schwimmer, die ihre Flügel als Ruder und die Beine zum Steuern benutzen. Sie schnellen aus dem Wasser auf das Land hinaus, oft in hohem Bogen. An Land ist ihr Körper aufgerichtet, und sie laufen trippelnd und springend umher. Gelegentlich schieben sie sich auch mit Flügeln und Füßen, auf dem Bauch liegend, vorwärts.

Fragen zum Lerntext Biologie 1

1. Können Pinguine fliegen?

2. Welche Form haben die Federn der Pinguine?

3. Wie viele Zehen hat der Fuß des Pinguins?

4. Als was dienen seine Flügel beim Schwimmen?

5. Wie bewegt er sich gewöhnlich an Land vorwärts?

5.2 Lerntext Biologie 2

- **Lies den Text konzentriert durch!**
- **Schreibe die Bakteriennamen heraus! Stelle die Bakterien in Form einer kleinen Zeichnung dar!**
- **Lies den ganzen Text nochmals durch!**
- **Beantworte die Fragen auf der nächsten Seite!**

Bakterien sind als Krankheitserreger gefürchtet. Darüber hinaus spielen sie in der Natur beim Kreislauf der Stoffe eine wichtige Rolle. Trotz ihrer Bedeutung kennen die meisten Menschen die Bakterien nicht, da man sie nur bei starker Vergrößerung durch ein Mikroskop sehen kann.
Bau: Bakterien sind meist einzellige Lebewesen. Die Zellen sind von einer zarten Haut umschlossen und besitzen kein Blattgrün. Ein Zellkern ist nicht zu erkennen. Nach der Zellform kann man Bakterien unterscheiden. Kugelförmige Bakterien heißen Kugelbakterien oder Kokken und, falls sie zu Ketten vereinigt sind, Streptokokken. Auch zu traubigen Gebilden können sie sich zusammenschließen (Staphylokokken). Häufig weisen die Bakterien die Form eines Stäbchens auf, wovon sie ihren Namen bekommen haben (bakteria, griech. = Stab). Manche Stäbchen heißen auch Bazillen (bacillum, lat. = Stäbchen). Spirillen sind schraubenförmig gewundene Bakterien. Solche, die nur leicht gekrümmt sind (Teil einer Schraubenwindung), heißen Kommabakterien (Vibrionen). Vielfach tragen Bakterien Geißeln und sind dann beweglich. Alle Bakterien sind sehr klein. Kokken haben zum Beispiel einen Durchmesser von durchschnittlich $^1/_{1000}$ mm.

Fragen zum Lerntext Biologie 2

1. Was für Lebewesen sind Bakterien?

2. Wie heißen die kugelförmigen Bakterien?

3. Welche Form haben Spirillen?

4. Wie bewegen sich die meisten Bakterien fort?

5. Wie nennt man die traubigen Gebilde?

6. Wie heißen die kugelförmigen Bakterien, wenn sie zu Ketten vereinigt sind?

5.3 Lerntext Chemie

- **Lies den Text konzentriert durch!**
- **Verkürze den Textinhalt zu einem anschaulichen Schema!**
- **Lies den Text nochmals durch!**
- **Beantworte die Fragen auf der nächsten Seite!**

Der bekannteste chemische Vorgang ist der Verbrennungsvorgang. An ihm ist leicht zu erkennen, wodurch eine chemische Reaktion charakterisiert ist. Wird ein Stück Holz angezündet, dann verbrennt es mit Feuererscheinung unter Rauchentwicklung zu Asche. Die Stoffeigenschaften von Asche und Rauch haben mit dem Holz nichts mehr gemeinsam; d. h. beim Verbrennen sind neue Stoffe entstanden. Damit ist das deutlichste Kennzeichen einer chemischen Reaktion ausgesprochen: ein Vorgang, bei dem ein oder mehrere neue Stoffe (Reaktionsprodukte) aus einem Ausgangsstoff entstehen. Diese Stoffänderung (von Holz zu Asche und Rauch) war mit der Erzeugung von Wärme verbunden. Wärme ist eine Energieform; sie tritt bei chemischen Vorgängen am häufigsten auf. Wird sie, wie beim Verbrennen von Holz, Kohle oder Heizöl, an die Umgebung abgegeben, spricht man von einem exothermen Vorgang. Muss zum Aufrechterhalten der chemischen Reaktion, wie beim Gewinnen von Branntkalk aus Kalkstein (Kalkbrennen), dauernd Wärme zugeführt werden, handelt es sich um einen endothermen Vorgang. Grundsätzlich ist jeder chemische Vorgang mit einer Stoffänderung und einem Energieumsatz gekoppelt. Die bei einer chemischen Reaktion auftretende Energie kann nicht nur als Wärme, sondern auch in Form von Licht, von elektrischer oder mechanischer Energie in Erscheinung treten. Im Zylinder eines Motors wird die bei der Verbrennung von Treibstoff frei werdende Wärme in mechanische Energie umgewandelt.

Fragen zum Lerntext Chemie

1. Was ist der bekannteste chemische Vorgang?

2. Womit ist jeder chemische Vorgang grundsätzlich gekoppelt?

3. Was ist ein exothermer Vorgang?

4. Was ist ein endothermer Vorgang?

5. In welche Energieform wird der im Motor verbrauchte Treibstoff umgewandelt?

5.4 Lerntext Deutsch

- **Lies den Text konzentriert durch!**
- **Stelle die wichtigsten Stichwörter in Form eines Begriffsnetzes dar!**
- **Lies den Text nochmals durch!**
- **Beantworte die Fragen auf der nächsten Seite!**

Die Bildbeschreibung

Es handelt sich dabei meist um eine Sach- und Vorgangsbeschreibung in einem. Dabei gilt es, genau zu beobachten und das Wesentliche zu erkennen. Man geht an das Bild mit folgenden Fragen heran: Was wollte der Künstler mit dem Bild ausdrücken? Den Charakter bzw. die Stimmung des Bildes erfassen heißt den Schlüssel für die Beschreibung finden. – Welche Einzelheiten des Bildes sind deshalb ausführlicher zu beschreiben? Welche Einzelheiten sind nur am Rande zu behandeln? Führt das Beiwerk auch auf den Schwerpunkt des Bildes hin?

Außerdem ist Auskunft zu geben über die Maltechnik des Künstlers, ferner darüber, ob es sich um ein ruhendes Motiv (Porträt, Stillleben, Landschaft) handelt oder um die Darstellung eines bewegten Vorganges, um eine sachliche oder künstlerische Darstellung, um schwarz-weiße oder farbige Wiedergabe, um einen bekannten oder weniger bekannten Künstler usw. Man kann auch über das Leben des Künstlers schreiben, über seine Werke und vor allem über seinen Stil. Auf jeden Fall sollte man eine eigene Wertung abgeben und sagen, ob das Bild gefällt oder nicht, und dies auch begründen.

Eine Bildbeschreibung kann verschieden aufgebaut werden. Jedenfalls ist der Name des Künstlers und des Bildes zu nennen sowie auf die Darstellungstechnik einzugehen. Ein Weg führt vom beschriebenen Gesamteindruck zu den Einzelheiten, die diesen belegen sollen; der andere Weg geht umgekehrt von den Einzelheiten zum Gesamteindruck. Eine systematische Beschreibung (Vordergrund, Bildmitte, Hintergrund oder von links nach rechts und umgekehrt) ist risikolos, aber auch meist wenig geschmackvoll. Sie kann jedoch mit den anderen Möglichkeiten verbunden werden. Es sollte eben nicht nur alles, was zu sehen ist, wie der Inhalt eines Schaufensters beschrieben werden.

Bei der Ausarbeitung ist auf eindrucksvolle Zeitwörter (Verben) zu achten, also schreiten, schleichen, humpeln … statt „gehen“. Die Eigenschaftswörter (Adjektive) sollten anschaulich sein, z. B. in bildhafte Vergleiche gestellt, wie „weiße Masse“, „behäbiger als die Möwen“ usw. Bei der Bildbeschreibung vermeide man die sich aufdrängenden Allerweltsausdrücke: Wir sehen … wir erkennen … es befindet sich … geht hervor usw.

Fragen zum Lerntext Deutsch

1. Worum handelt es sich bei der Bildbeschreibung?

2. Was sollte man bei der Bildbeschreibung auf jeden Fall tun?

3. Was ist der Vorteil der systematischen Bildbeschreibung?

4. Welche Zeitwörter sollten bei der Bildbeschreibung verwendet werden?

5. Welche Ausdrücke sollte man meiden?

5.5 Lerntext Erdkunde 1

- **Lies den Text konzentriert durch!**
- **Unterstreiche die wichtigsten Wörter (nicht mehr als 10–12) und schreibe sie heraus!**
- **Lies den Text nochmals durch!**
- **Beantworte die Fragen auf der nächsten Seite!**

Die Kohle liegt meistens tief in der Erde wie das Salz und andere Bodenschätze. Trotzdem haben die Menschen schon früh herausgefunden, dass die schwarzen Steine gut brennen. Sie konnten sie nur dort entdeckt haben, wo ein Kohlenflöz an die Oberfläche kam. Solche Kohlenlager, die im Tagebau abgebaut werden, sind selten. Um die Kohle aus der Erde zu holen, legt man Bergwerke mit tiefen Schächten an. Je tiefer die Kohle in der Erde ruht, desto wertvoller ist sie. Sie enthält dann besonders viel Kohlenstoff. Diesen Stoff können wir auch in Pflanzen entdecken. Wie kommt er aber in die Steinkohle?

Tatsächlich ist Kohle nichts anderes als versteinertes Holz. Vor Millionen Jahren gab es auf der Erde unendlich große Urwälder. Da wuchsen Schuppenbäume, und die Farne wurden so hoch wie heute die Tannen. Diese Pflanzen der frühen Urwälder sind abgestorben und in den Sümpfen versunken. Hier waren sie von der Luft abgeschlossen und konnten nicht verfaulen. Holz und Pflanzenteile vermoderten zu Torf. Eine Schicht legte sich über die andere, und das Gewicht drückte den Torf immer stärker zusammen. So entstand in Jahrtausenden Braunkohle.

Die Erdoberfläche veränderte sich immer wieder: Land ging unter und wurde vom Meer überspült. Neues Land tauchte aus dem Meer auf. Gebirge bildeten sich. Die Braunkohleschichten in der Erde wurden dabei immer wieder verschoben und wanderten tiefer. Manchmal waren sie von kilometerdicken Gesteinsschichten bedeckt. Durch den Druck entstand große Hitze. Auf diese Weise wurde in über 200 Millionen Jahren aus Braunkohle wertvolle Steinkohle oder Graphit. Von einem hohen Urwald blieb nur eine Kohleschicht von etwa einem Zentimeter Dicke übrig.

Fragen zum Lerntext Erdkunde 1

1. Was haben die Menschen bei der Kohle schon früh herausgefunden?

2. Was ist die Kohle eigentlich?

3. Welche Kohle ist besonders wertvoll?

4. Warum konnten die abgestorbenen Pflanzen der frühen Urwälder nicht verfaulen?

5. Wie dick etwa war die Kohleschicht, die von einem hohen Urwald übrig blieb?

5.6 Lerntext Erdkunde 2

- **Lies den Text konzentriert durch!**
- **Stelle die wichtigsten Textinhalte in Form einer Skizze dar!**
- **Lies den Text nochmals durch!**
- **Beantworte die Fragen auf der nächsten Seite!**

Am Äquator herrschen immer Durchschnittstemperaturen von 24–28° C. Die warmen Luftmassen steigen Tag für Tag in breitem Strom nach oben. Wolken türmen sich auf, und es kommt zu heftigen Niederschlägen, den Zenitalregen. Hier, in den inneren Tropen, treffen der Nordost-Passat und der Südost-Passat aufeinander. Klimatologen sprechen deshalb von der innertropischen Konvergenzzone (konvergieren = zusammenströmen). Der Luftdruck ist verhältnismäßig niedrig. Daher umgeben schwach ausgeprägte Tiefdruckgebiete gürtelförmig den Äquator.
Die innertropische Konvergenzzone, kurz ITC genannt, verschiebt sich mit dem Zenitstand der Sonne. Die ITC wandert im Nordsommer nach Norden, im Südsommer nach Süden. In dieser Zone kommt es zu meist ergiebigen Niederschlägen. Die Länge der Regenzeit nimmt gegen die Wendekreiswüsten hin ab. Die Vegetationszonen vom Tropischen Regenwald bis in die Wüste spiegeln die zunehmende Trockenheit wider.
In über 10 000 m Höhe fließen die am Äquator aufsteigenden Luftmassen in Richtung der Pole ab. Wegen der Erdrotation stauen sie sich bei etwa 30–35° C nördlicher bzw. südlicher Breite und sinken ab. Absteigende Luft erwärmt sich rasch und trocknet aus. Die Wolken lösen sich auf. Oft fällt jahrelang kein Regen. Daher liegen hier die niederschlagärmsten und heißesten Gebiete der Erde: die Wendekreiswüsten oder Hitzewüsten.
Hier herrscht das ganze Jahr hoher Luftdruck. Im Bereich dieses Subtropenhochs entwickeln sich die Passate. Da Winde immer vom hohen zum tiefen Druck gerichtet sind, entsteht eine Luftströmung vom Subtropenhoch zum Äquator. Wegen der Erdrotation und der Reibung über dem Festland werden die Winde aber umgelenkt: auf der Nordhalbkugel zum Nordost-Passat, auf der Südhalbkugel zum Südost-Passat.

Fragen zum Lerntext Erdkunde 2

1. Welche Winde treffen in den inneren Tropen aufeinander?

2. Welche Durchschnittstemperaturen herrschen am Äquator?

3. Wohin fließen die am Äquator aufsteigenden Luftmassen ab?

4. Warum umgeben schwach ausgeprägte Tiefdruckgebiete gürtelförmig den Äquator?

5. Wie heißen die niederschlagärmsten und heißesten Gebiete der Erde?

5.7 Lerntext Gemeinschaftskunde

- **Lies den Text konzentriert durch!**
- **Fasse das Wesentliche in Stichwörtern zusammen!**
- **Lies den Text nochmals durch!**
- **Beantworte die Fragen auf der nächsten Seite!**

In der zweiten Hälfte des 19. Jahrhunderts entstanden die Gewerkschaften, Zusammenschlüsse von Arbeitnehmern mit dem Ziel, durch gemeinsames und solidarisches Auftreten ihre Interessen gegenüber den Arbeitgebern stärker zur Geltung bringen zu können.

In der Bundesrepublik Deutschland ist der Deutsche Gewerkschaftsbund, der DGB, die größte gewerkschaftliche Organisation. Der DGB ist ein Dachverband von selbstständigen und unabhängigen Einzelgewerkschaften, deren gemeinsame politischen Ziele er vertritt. Die Einzelgewerkschaften sind, wie z. B. die IG Metall, meistens als Industriegewerkschaften organisiert. Dieser können ohne Rücksicht auf ihren Beruf alle Arbeitnehmer des Wirtschaftszweiges Metallindustrie, ob Stahlkocher oder Industriekaufmann, beitreten. Dieses System hat den Vorteil, dass für eine Branche nur eine Gewerkschaft zuständig ist.

Auch die Arbeitgeber haben sich nach dem Prinzip der Industrieverbände organisiert, d. h. die Arbeitgeber eines Industriezweiges bilden einen Arbeitgeberverband. Ihr Dachverband ist die Bundesvereinigung der Deutschen Arbeitgeberverbände BDA.

Die Einzelgewerkschaften und die einzelnen Arbeitgeberverbände handeln als Tarifpartner Löhne, Gehälter und Arbeitsbedingungen aus und legen die Vereinbarungen in einem Tarifvertrag nieder. Da die Tarifverhandlungen ohne die Einmischung des Staates geführt werden, spricht man von Tarifautonomie; ihre rechtliche Grundlage ist Artikel 9 des Grundgesetzes. Der Tarifvertrag dient dem Schutz des einzelnen Arbeitnehmers. Er soll verhindern, dass der Arbeitgeber aufgrund seiner wirtschaftlichen Überlegenheit dem Arbeitnehmer die Arbeitsbedingungen aufzwingt. Der Tarifvertrag bindet beide Tarifpartner. Während seiner Laufzeit dürfen keine Arbeitskampfmaßnahmen (Streiks) zur Durchsetzung neuer Forderungen ergriffen werden. Den Tarifverhandlungen geht die Kündigung des laufenden Tarifvertrages voraus. Scheitern die Tarifverhandlungen, so wird versucht, in einer weiteren Runde zum Teil mit Hilfe eines Unparteiischen in einem Schlichtungsverfahren doch noch zu einem Kompromiss zu gelangen. Erst nach dem Scheitern dieser Verhandlungen kann die Gewerkschaft ihre Mitglieder zum Streik aufrufen. Streikende Arbeitnehmer erhalten keinen Lohn. Die Gewerkschaft unterstützt ihre Mitglieder aus ihrer Streikkasse. Die nicht gewerkschaftlich organisierten Arbeitnehmer bekommen den Lohnausfall nicht erstattet. Die Aussperrung ist das Arbeitskampfmittel der Unternehmer. Sie schließen die Arbeitnehmer aus und entziehen ihnen damit Arbeit und Lohn.

Fragen zum Lerntext Gemeinschaftskunde

1. Wer ist die größte gewerkschaftliche Organisation in der Bundesrepublik Deutschland?

2. Wie heißt der Dachverband der Arbeitgeber?

3. Was versteht man unter Tarifautonomie?

4. Wann kann die Gewerkschaft ihre Mitglieder zum Streik aufrufen?

5. Was ist das Kampfmittel der Unternehmer?

5.8 Lerntext Geschichte

- **Lies den Text konzentriert durch!**
- **Unterstreiche wichtige Wörter!**
- **Übertrage wichtige Daten auf die Zeitachse!**
- **Beantworte die Fragen auf der nächsten Seite!**

Die Machtausweitung der Karolinger beginnt mit Pippin II. dem Mittleren (Regierungszeit 679–714), der als Majordomus von Austrien nach kriegerischen Auseinandersetzungen 687 Hausmeier des Gesamtreiches wird. Sein unehelicher Sohn Karl Martell (Regierungszeit 714–741) wird nach schweren Kämpfen ebenfalls Majordomus und führt das Reich wieder zusammen. Er unterwirft die Alemannen und Thüringer, kämpft gegen die Sachsen und besiegt 732 in der Schlacht zwischen Tours und Poitiers die Araber. Noch vor seinem Tode teilt er das Reich unter seinen Söhnen auf: Karlmann (Regierungszeit 741–747) erhält mit Austrien, Schwaben und Thüringen den Osten; Pippin III. der Jüngere bekommt mit Neustrien, Burgund und der Provence die westlichen Landesteile zugesprochen. 751 lässt Pippin sich in Soissons zum König ernennen und wird vom päpstlichen Legaten als erster fränkischer König mit heiligem Öl gesalbt. Damit erkennt der Frankenkönig die geistliche Herrschaft des Papstes an.
768 teilt Pippin das Frankenreich unter seinen Söhnen Karl und Karlmann, der 771 stirbt. Von 768–814 gelingt es Karl dem Großen, die Langobarden und die germanischen Stämme im Norden zu besiegen und zu christianisieren. 800 wird er in Rom von Papst Leo III. zum Kaiser gekrönt und ist damit unbestrittener Herrscher des Abendlandes. Das Reich Karls des Großen reicht im Westen vom Fluss Ebro in Spanien bis zur Donau und Elbe im Osten, im Süden von Norditalien bis Schleswig-Holstein im Norden.
843 wird im Vertrag zu Verdun das Reich Karls des Großen in ein Mittel-, ein Ost- und ein Westreich geteilt. Kaiser Lothar I. (840–855) erhält das Mittelreich mit den Kaiserstädten Aachen und Rom, Ludwig der Deutsche (843–876) erhält das Ostfrankenreich, Karl II. der Kahle (843–877) bekommt das Westfrankenreich zugesprochen. 870 wird das Mittelreich mit Lothringen, Burgund, der Provence und Italien auf das Ost- und Westfrankenreich aufgeteilt.

Fragen zum Lerntext Geschichte

1. Wer besiegte 732 in der Schlacht zwischen Tours und Poitiers die Araber?

2. Warum ließ sich Pippin III. vom päpstlichen Legaten mit Öl salben?

3. Wann wurde Karl der Große zum Kaiser gekrönt?

4. In welche Reichsteile wurde 843 das Frankenreich aufgeteilt?

5. Wie wurden die Frankenherrscher anfangs genannt?

5.9 Lerntext Physik

- **Lies den Text konzentriert durch!**
- **Unterstreiche wichtige Textstellen!**
- **Bilde ein paar kurze Merksätze!**
- **Beantworte die Fragen auf der nächsten Seite!**

Im leeren Raum nimmt die Geschwindigkeit eines fallenden Körpers gleichmäßig zu; anders gesagt, er fällt gleichmäßig beschleunigt. Das gilt auf dem Mond ebenso wie auf der Erde oder an anderen Stellen, allerdings mit recht unterschiedlichen Beschleunigungswerten: Ein Apfel z. B., der auf der Erde aus 5 m Höhe vom Baum fällt, schlägt nach einer Sekunde am Boden auf, und zwar mit einer Geschwindigkeit von 10 m/s; die Beschleunigung während des Fallens – kurz gesagt: die Fallbeschleunigung (g) – beträgt nämlich auf der Erde (rund) 10 m/s^2. Und auf dem Mond? Da spielt sich das Fallen viel „gemächlicher" ab: ein Gegenstand, der einem Astronauten bloß aus 80 cm Höhe aus der Hand fällt, braucht eine volle Sekunde bis zum Mondboden und schlägt mit einer Geschwindigkeit von nur 1,6 m/s (etwa Fußgängertempo) auf! Die Fallbeschleunigung beträgt auf dem Mond nämlich 1,6 m/s^2.
Auf dem Planeten Jupiter andererseits, der größer als unsere Erde ist, geht es noch viel „rasanter" zu als bei uns: die Fallbeschleunigung ist dort 26 m/s^2; bereits in der ersten Sekunde des Fallens (in der schon 13 m zurückgelegt werden) erreicht ein Körper also eine Geschwindigkeit von 26 m/s, das sind fast 100 km/h!
Genau genommen ist nicht einmal auf der Erde die Fallbeschleunigung überall gleich: an den Polen ist sie etwas größer als am Äquator, und in größeren Höhen kleiner als in der Nähe des Erdbodens; in mittleren Breiten hat die Fallbeschleunigung (in Bodennähe) den Wert $g = 9{,}81\ m/s^2$. An einer und derselben Stelle der Erde oder überhaupt des Weltalls fällt aber (im leeren Raum) jeder Körper mit derselben Beschleunigung – unabhängig davon, aus welchem Material er besteht, wie groß er ist, oder welche Eigenschaften er sonst noch hat.
Diese Tatsache macht den Zustand der Schwerelosigkeit verständlich: Ein Raumschiff, das ohne Antrieb beispielsweise vom Mond zur Erde fliegt, „fällt" ihr einfach entgegen. Da nun jeder Körper am selben Ort im Weltall völlig gleichartig fällt – die Astronauten genauso wie das Raumschiff – fallen alle so, dass keiner die anderen „überholt": keiner wird schneller als die anderen; relativ zueinander bleiben sie deshalb „in Ruhe". Die Astronauten können daher im oder neben dem Raumschiff schweben, ohne irgendwo anzustoßen oder fortzufliegen! Ebenso können auch Geräte, Lebensmittel und andere Dinge im Raumschiff „schwerelos" schweben; denn auch sie fallen zwar, aber sie fallen weder schneller noch langsamer als das Raumschiff, und bleiben so in ihm in der Schwebe – ein seltsamer, ungewohnter Zustand.

Fragen zum Lerntext Physik

1. Wie viel etwa beträgt die Fallbeschleunigung auf der Erde?

2. Wo ist die Fallbeschleunigung größer: auf dem Jupiter oder auf dem Mond?

3. Ist im luftleeren Raum die Fallbeschleunigung unabhängig vom Material eines Körpers?

4. Warum können die Astronauten neben dem Raumschiff schweben, ohne fortzufliegen?

5. Wie viel Meter legt ein Wattebausch in einer Sekunde zurück, wenn man ihn auf dem Mond fallen lässt?

5.10 Lerntext Religion

- **Lies den Text konzentriert durch!**
- **Schreibe wichtige Stichwörter auf den Textrand!**
- **Lies den ganzen Text nochmals durch!**
- **Beantworte die Fragen auf der nächsten Seite!**

Nach seinem öffentlichen Wirken in Galiläa verbrachte Jesus die letzten Tage seines Lebens in Jerusalem. Der äußere Anlass dafür war wohl das Paschafest. An ihm pilgerten alljährlich die frommen Juden in die Hauptstadt, um im Tempel zu opfern. Nur in Jerusalem konnte man das Paschamahl mit Brot und Wein sowie einem fehlerfreien Lamm halten. Das Mahl erinnerte daran, dass Gott die Vorfahren aus der Sklaverei Ägyptens befreit hat. Zugleich feierten die Juden ihre Sehnsucht nach einem neuen Mose. Denn ein Messiaskönig war ihnen verheißen, den Gott zur Befreiung schicken werde, damit er als „König der Juden" ein freies Volk regiere. Seit 64 v. Chr. war Palästina nämlich von den Römern besetzt.
Jesus zog aber auch deshalb nach Jerusalem, um dort sein Evangelium vom Reich Gottes zu verkünden. Sein Anspruch, im Namen Gottes zu handeln und zu sprechen, und sein Verhalten, z. B. zu Sündern, hatten bereits früher zu Anfeindungen der obersten jüdischen Verwaltungs- und Gerichtsbehörde, des *Synedriums* („Hoher Rat"), geführt. In ihm saßen pharisäische Schriftgelehrte, Älteste des Volkes und Tempelpriester unter dem Vorsitz des amtierenden Hohenpriesters. Es konnte Todesurteile fällen, aber nicht vollstrecken. Das war damals dem obersten Beamten der Besatzungsmacht, *dem römischen Prokurator,* vorbehalten.
Während das römische Gerichtsverfahren die eingehende Befragung des Angeklagten vorsah, baute das jüdische gänzlich auf den Aussagen der Zeugen auf. Stimmten diese nicht überein, war der Prozess geplatzt und der Angeklagte musste freigelassen werden.
Der bereits schwelende Konflikt mit der Führungsgruppe der Juden spitzte sich zu, als Jesus in Jerusalem die Tempelordnung angriff (Mk 11,15–19). Beim Tempel war man besonders empfindlich. Schon sein Bestehen galt als Zeichen der Anwesenheit Gottes bei seinem Volk. Außerdem sicherten die Wallfahrten der Stadt und dem Tempelpersonal das Auskommen. Mit dem Wort „Reißt diesen Tempel nieder. In drei Tagen errichte ich ihn neu!" (Joh 2,19), griff Jesus aber nicht nur den Tempelkult an, sondern stellte den Tempel selbst in Frage. Deshalb beschloss der Hohe Rat, Jesus jetzt zu verhaften und zu töten. Das musste heimlich geschehen. Man fürchtete nämlich, Jesu Anhänger oder die galiläischen Pilger könnten einen Aufstand machen. Dann würden die römischen Besatzer eingreifen. Diese verlegten nämlich jeweils bei jüdischen Festen einen Teil ihrer Truppen zur Verstärkung von Caesarea am Meer auf die Burg Antonia. Dann residierte auch der römische Prokurator in Jerusalem, im Palast des Herodes, dem Prätorium, um im Falle eines politischen Aufruhrs anwesend zu sein.

Fragen zum Lerntext Religion

1. Wo verbrachte Jesus die letzten Tage seines Lebens?

2. Woran erinnerte das Paschamahl?

3. Was war das Synedrium?

4. Weshalb beschloss der Hohe Rat, Jesus zu verhaften und zu töten?

5. Von wem war Palästina seit 64 v. Chr. besetzt?

6. Systematisches Problemlösen

Es gibt Schüler, die gründlich und regelmäßig lernen, aber sich bei der Anwendung des Gelernten sehr schwer tun. Solche Schwierigkeiten zeigen sich vor allem bei der Lösung mathematisch-naturwissenschaftlicher Textaufgaben. Die Ursachen hierfür können liegen in

- Fähigkeitsdefiziten (z. B. schwaches schlussfolgerndes Denkvermögen),
- Abrufblockaden, die durch Prüfungsangst bedingt sind,
- fehlenden oder falschen Problemlösestrategien.

Am häufigsten fallen Schüler in die letzte Kategorie. Sie gehen überhastet und unsystematisch an Aufgaben heran und finden somit nicht den Weg zum Ziel. Es fehlt ihnen an Strategien des systematichen Problemlösens. Darunter versteht man lösungsförderliche Fragen und „Steuerbefehle" im Kopf des Problemlösers. Aus der Sicht der Denkpsychologie gibt es drei zentrale Strategiebereiche:

- Erkennungsstrategien (z. B. Was ist gegeben? Was ist gesucht? Wichtiges unterstreichen!)
- Findestrategien (z. B. Welche Regel kann ich anwenden? Skizze anfertigen!)
- Prüfstrategien (z. B. Ist das richtig? Bin ich auf dem Weg zum Ziel?)

Am Beispiel von Textaufgaben kann die Kunst des Problemlösens erlernt werden. Wichtig ist, dass der Lehrer dies als Modell, das sich laut steuert, an der Tafel den Schülern selbst zeigt oder von Schülern laut vormachen lässt. Anschließend werden Aufgaben der nachfolgenden Form zur Einübung der Strategien in Stillarbeit durchgeführt.

6.1 Checkliste Problemlösungsverhalten

Nachstehend findest du Aussagen zum Lösen von Textaufgaben. Kreuze bitte ehrlich an, in welchem Maße diese auf dich zutreffen. Du hast drei Antwortmöglichkeiten: immer, manchmal und nie.

	immer	manchmal	nie
1. Ich lese den Aufgabentext gründlich durch.			
2. Ich unterstreiche wichtige Angaben.			
3. Habe ich den Text nicht verstanden, mache ich ihn mir in eigenen Worten oder in Form einer Zeichnung klar.			
4. Ich schreibe das Gegebene und das Gesuchte heraus.			
5. Ich überlege, welche Regeln ich anwenden kann.			
6. Ich denke den Lösungsweg genau durch.			
7. Ist die Lösungsplanung schwierig, fertige ich eine Zeichnung oder eine Tabelle an.			
8. Jetzt überlege ich nochmals, ob ich alle Angaben beachtet habe.			
9. Wenn möglich, zerlege ich die Aufgabe in Teilaufgaben.			
10. Bevor ich mit der Ausführung der Rechnung beginne, mache ich eine Überschlagsrechnung.			
11. Beim Rechnen trenne ich Hauptrechnung und Nebenrechnung voneinander.			
12. Ich rechne nicht drauflos, sondern frage mich immer mal wieder, ob ich auf dem Weg zum Ziel bin.			
13. Wenn ich mich verrannt habe, gebe ich nicht auf, sondern mache mir gezielt Mut.			
14. Nach dem letzten Rechenschritt überprüfe ich das Endergebnis genau.			
15. Ich schreibe den Antwortsatz.			

Ändere dort, wo du nicht mit „immer“ antworten konntest, dein Problemlösungsverhalten. Schreibe deine Änderungsziele auf.

6.2 Textaufgabe A

1. Lies die Aufgabe konzentriert durch und unterstreiche wichtige Angaben!

   Onkel Tom hat ein Beet, das genau 10 m lang ist. Darauf möchte er zwei Reihen von Bäumchen pflanzen, die einen im Abstand von je einem Meter, die anderen mit je zwei Meter Abstand voneinander. Wie viele Bäumchen braucht er für die Einmeterreihe und wie viele für die Zweimeterreihe, wenn am Anfang und am Ende des Beetes Bäumchen stehen sollen?

2. Was ist gegeben?

   ____

   ____

3. Was ist gesucht?

   ____

   ____

4. Löse die Aufgabe mit Hilfe einer Zeichnung!

5. Kontrolliere!

6. Schreibe den Antwortsatz!

   ____

   ____

   ____

6.3 Textaufgabe B

1. Lies die Aufgabe konzentriert durch und unterstreiche wichtige Angaben!

   Eine Regentonne ist zu $^{3}/_{5}$ mit Wasser gefüllt. Nachdem Hans das Blumenbeet gegossen hat, ist der Wasserstand um $^{1}/_{3}$ der Tonnenhöhe zurückgegangen. Es sind noch 32 cm. Welche Höhe hat die Tonne?

2. Was ist gegeben?

   ____

   ____

3. Was ist gesucht?

   ____

   ____

4. Stelle den Text in Form einer Zeichnung dar!

5. Rechne!

6. Kontrolliere!

7. Schreibe den Antwortsatz!

   ____

   ____

   ____

6.4 Textaufgabe C

1. Lies den Text konzentriert durch und unterstreiche wichtige Angaben!

   Herr Bauer bezahlte für den Zaun um sein Grundstück 2476,80 DM. Die eingezäunte Fläche ist 29 m lang und 23 m breit. Für zwei Einfahrten bleiben jeweils 4 m frei. Sein Nachbar hatte für einen Meter des gleichen Zaunes 27,65 DM bezahlt.

   a) Wie hoch ist der Preisunterschied je m Zaun?

   b) Wie hoch ist der Unterschied zwischen den Gesamtpreisen?

2. Was ist gegeben?

3. Was ist gesucht?

4. Stelle den Text in Form einer Zeichnung dar!

5. Rechne!

6. Kontrolliere!

7. Schreibe die Antwortsätze!

6.5 Textaufgabe D

1. Lies den Text konzentriert durch und unterstreiche wichtige Angaben!

   Gegeben sind vier jeweils dreigliedrige Ketten . Es kostet zehn Pfennig, ein Kettenglied zu öffnen, und 15 Pfennig, es zu schließen. Am Anfang sind alle Kettenglieder geschlossen. Dein Ziel lautet, alle Kettenglieder zu einem einzigen Kreis zu verbinden, wobei du einen Betrag von 75 Pfennig nicht überschreiten darfst.

2. Was ist gegeben?

3. Was ist dein Ziel?

4. Löse die Aufgabe mit Hilfe einer Zeichnung!

5. Kontrolliere, ob der Betrag von 75 Pfennig tatsächlich nicht überschritten worden ist!

6.6 Textaufgabe E

1. Lies den Text konzentriert durch und unterstreiche die wichtigsten Angaben!

   Addiert man 13 zum 6fachen einer rationalen Zahl, so ergibt sich dasselbe, als wenn man das 11fache der Zahl um 2 vermindert. Wie heißt die Zahl?

2. Schreibe die wichtigsten Angaben heraus	Übersetze sie in die Sprache der Algebra (Terme)

3. Stelle die entsprechende Gleichung auf!

4. Löse die Gleichung!

5. Kontrolliere!

6. Schreibe den Antwortsatz!

7. Kreatives Problemlösen

Schüler sollten nicht nur lernen, wie sich Wissen aneignen und abrufen lässt, sondern auch die schöpferische Veränderung dieses Wissens. Die Fähigkeit, das Wissen so umzuordnen, dass neue Beziehungen, Einfälle, Entdeckungen und Erfindungen entstehen, wird Kreativität genannt. Diese Fähigkeit braucht der Schüler, um sich einen mathematischen Lösungsweg auszudenken, um Ideen für einen Aufsatz zu sammeln, um einen Schaltplan zu entwerfen oder um einen Sketch für die Klassenfeier zu texten. In solchen Problemsituationen reicht die bloße Reproduktion von Wissen nicht aus.

Kreativität wird zu Unrecht als eine Persönlichkeitseigenschaft bezeichnet, die ein Schüler hat oder nicht hat und die deshalb nicht gefördert werden kann. Dem muss aus der Sicht der Kreativitätsforschung widersprochen werden. Trainingsstudien haben den Nachweis erbracht, dass das schöpferische und problemlösende Denken gezielt gefördert werden kann. Wenn Schüler regelmäßig Denkaufgaben gestellt bekommen, die ihre Originalität und Phantasie herausfordern, schneiden sie in Kreativitätstests deutlich besser ab als untrainierte Kontrollgruppen.

Es gibt inzwischen eine Vielzahl von Übungsprogrammen, die zum Kreativitätstraining verwendet werden können. Die Aufgaben dieses Kapitels geben einen Einblick in dieses weite Feld geistiger Übungsmöglichkeiten.

Sie sollen den Schüler zur Erprobung seiner kreativen Fähigkeiten motivieren. Und sie sollen den Lehrer inspirieren, ähnliche Aufgaben zu entwerfen und zum Zwecke der Kreativitätsschulung immer mal wieder zu stellen.

Die Förderung des kreativen Problemlösens bedarf aber nicht nur solcher Aufgaben, sondern auch eines positiven Klimas. Das heißt, dass der Schüler für originelle Lösungen gelobt und in Situationen des Stockens und Misslingens ermutigt wird. Denn wie kein anderer geistiger Vorgang ist der schöpferische Prozess auf eine positive Gefühlslage angewiesen.

7.1 Ungewöhnliche Verwendung

Denke dir aus, wozu die folgenden Alltagsgegenstände sonst noch benutzt werden können. Beispielsweise kann man einen Schlüssel auch dazu verwenden, Schrauben auf- oder zuzuziehen.

Eine Büroklammer kannst du auch dazu verwenden, ...

Eine Kerze kannst du auch dazu verwenden, ...

Eine Flasche kannst du auch dazu verwenden, ...

Einen Löffel kannst du auch dazu verwenden, ...

Eine Schere kannst du auch dazu verwenden, ...

Ein Streichholz kannst du auch dazu verwenden, ...

Einen Ball kannst du auch dazu verwenden, ...

Einen Korken kannst du auch dazu verwenden, ...

Einen Nagel kannst du auch dazu verwenden, ...

Ein Lineal kannst du auch dazu verwenden, ...

7.2 Paare suchen

Schreibe möglichst viele Dinge auf, die als Paar vorkommen.
Zum Beispiel: die Augen.

1. ______________________________
2. ______________________________
3. ______________________________
4. ______________________________
5. ______________________________
6. ______________________________
7. ______________________________
8. ______________________________
9. ______________________________
10. ______________________________
11. ______________________________
12. ______________________________
13. ______________________________
14. ______________________________
15. ______________________________

7.3 Wörter basteln

Die vorgegebenen Anfangssilben sind das Material, aus denen du durch das Zufügen einer oder mehrerer Silben Wörter basteln sollst. Aus Be- wird Beton und aus vor- vorstellen.

Um-

an-

auf-

Zer-

Unter-

ge-

7.4 Sätze bilden

Lass dir zu den vier vorgegebenen Anfangsbuchstaben solche Wörter einfallen, aus denen sich ein sinnvoller Satz ergibt.

Beispiel:

ANTON	**TRIFFT**	**HEUTE**	**MAX**
M________	**N**________	**K**________	**G**________
W________	**W**________	**E**________	**I**________
O________	**M**________	**D**________	**N**________
U________	**K**________	**H**________	**H**________
B________	**S**________	**G**________	**M**________
P________	**A**________	**F**________	**E**________
N________	**N**________	**V**________	**T**________
D________	**W**________	**S**________	**H**________

7.5 Gleichheiten entdecken

Zwei verschiedene Dinge weisen oft mehr Gleichheiten auf, als auf den ersten Blick zu vermuten ist. Entdecke, was an den folgenden Dingen gleich ist.

Birne und Pflaume

1. ______________________________
2. ______________________________
3. ______________________________
4. ______________________________
5. ______________________________

Katze und Hund

1. ______________________________
2. ______________________________
3. ______________________________
4. ______________________________
5. ______________________________

Auto und Motorrad

1. ______________________________
2. ______________________________
3. ______________________________
4. ______________________________
5. ______________________________

7.6 Piktogramme entwerfen

Ein Piktogramm ist ein Bildsymbol, das möglichst viele Menschen verstehen sollen. Typisches Beispiel sind Verkehrsschilder. Entwerfe jeweils ein Piktogramm für:

Alkoholfreie Getränke

Jugendfest

Energie sparen

Fitness-Training

Seid nett zueinander

7.7 Findiges Wahrnehmen

In der folgenden Fläche stecken mehr Quadrate drin, als auf den ersten Blick wahrgenommen wird. Finde heraus, wie viele Quadrate unterschiedlicher Lage und Größe es insgesamt sind!

Anzahl der Quadrate:

7.8 Umdenken

Viele Probleme können nur gelöst werden, wenn wir umdenken bzw. von anderen Denkvoraussetzungen ausgehen. Dies soll an den folgenden Streichholzaufgaben geübt werden.

1. Entferne zwei Streichhölzer so, dass aus den vier Quadraten zwei Quadrate werden.

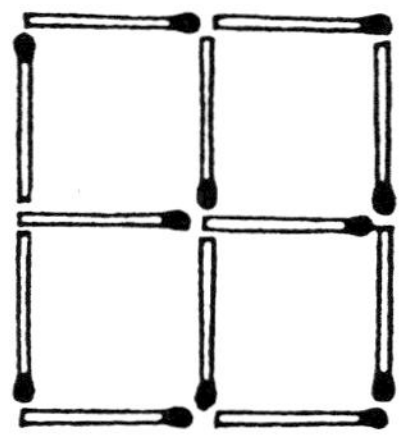

2. Bilde durch Umlegen von drei Streichhölzern aus den fünf Quadraten vier wiederum gleich große Quadrate.

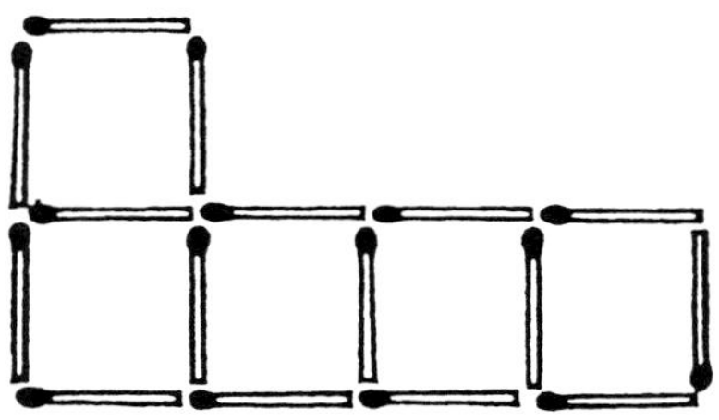

3. Die folgende Gleichung ist falsch. Mache sie richtig, ohne ein Streichholz zu berühren.

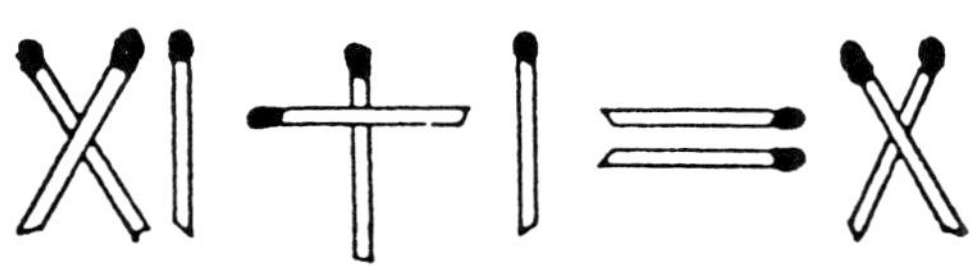

4. Ändere die Lage eines Streichholzes, damit die Gleichung stimmt.

5. Hier liegen drei Streichhölzer. Mache vier daraus, ohne ein viertes dazuzulegen oder eines zu durchbrechen.

6. Verändere die Lage von vier Streichhölzern so, dass daraus vier gleich große Quadrate entstehen.

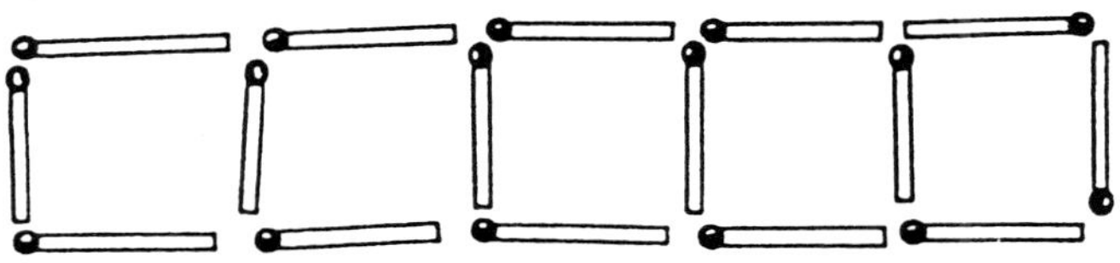

8. Mind Mapping

Mind Mapping ist eine visuelle Lern- und Denktechnik, die von dem Briten Tony Buzan (s. Literaturhinweise) entwickelt wurde. Mind Maps erweitern unser Vorstellungs- und Merkvermögen. Zentrales Medium sind netzwerkartige Karten bzw. mentale „Spickzettel“, die stets weiterentwickelt und vervollkommnet werden können. Mind Maps finden eine breite Anwendung – von der Zusammenfassung von Lernstoff über die Ideensammlung bei Aufsätzen bis hin zum Entwurf von Projektplänen.

Mind Mapping wird zum einen genutzt, um Wissen zu strukturieren beziehungsweise Ordnung ins Chaos zu bringen. Zum anderen dient es auch als Kreativinstrument. Das heißt, man setzt es ein, um zum Zwecke einer Problemlösung neue Ideen zu finden.

Gemeinsames Merkmal der verschiedensten Mind-Mapping-Varianten ist, dass in der Mitte eines Blattes der zentrale Begriff steht und sich drum herum auf Ästen und Nebenästen die Begriffsstruktur in sprachlich sparsamer Form aufbaut. Ergänzt man die Begriffe durch Symbole und ordnet ihnen Farben zu, wird die Mind Map noch einprägsamer. Die wichtigsten Konstruktionsregeln werden weiter unten genauer dargelegt (s. MM-Regelblatt).

Das Mind Mapping deckt sich mit dem ganzheitlich-simultanen Verarbeitungsmodus der rechten Gehirnhälfte. Es ist eine wichtige Ergänzung zum linearen Arbeiten der linken Gehirnhälfte beziehungsweise zur textlichen Wissenspräsentation. So kommt es auch dem Bedürfnis des Gehirns nach Vernetzung und Verknüpfung entgegen. Erinnern wir uns der Tatsache: Eine einzige Nervenzelle hat circa 20 000 Andockungsmöglichkeiten!

Mind Maps müssen nicht unbedingt mit der Hand gezeichnet werden. Inzwischen hat sich auch das computergestützte Mind Mapping etabliert. Unter den gegenwärtigen Software-Versionen am gängigsten und dem Charakter des Mind Mapping am angemessensten ist die Software „Mind Manager“ von Michael Jetter, der Ende Februar 1999 vom Fraunhofer-Institut in Stuttgart mit dem „Office-21-Award ‘98“ für die beste Prozesslösung ausgezeichnet wurde.

Abschließend seien dem schulpraktischen Anwender noch vier Fragen beantwortet, die beim Mind Mapping häufig gestellt werden.

1. Wie kommt man nach der Formulierung des Themas zu den Hauptästen? Was erscheint wichtig?

Aus Erfahrung mit Schülern ist das ein heikler Punkt, der ernst genommen werden muss. Die Benennung der Hauptäste verlangt Übersicht, Durchblick, Gedankenschärfe, was in jungen Jahren nicht selbstredend vorausgesetzt werden kann. Deshalb sollte man sich hierfür genügend Zeit nehmen und üben. Vielleicht findet man zunächst zwei bis drei Hauptäste und wartet geduldig auf sich einstellende Gedankenblitze. Sie kommen schon …

2. Wie füge ich Nebenäste und weitere Verästelungen sinnvoll gegliedert an Hauptäste?

Diese Differenzierung ist weitaus weniger schwierig, weil durch die Hauptäste die entscheidende Grobgliederung bereits erfolgte und jetzt nur noch konsequent weitergedacht werden muss, was allerdings nicht für alle Lerner eine Selbstverständlichkeit ist.

3. Wann ist eine Mind Map fertig?

Jede „fertige“ Mind Map ist ein momentanes Endprodukt und wird bei erneutem Betrachten und Überdenken zu einem anderen Zeitpunkt oder einem anderen Tag meist verändert, verfeinert, ergänzt. Ist das ein Fehler im System? Ich glaube nicht, denn es beweist höchstens unser Weiterdenken in konzentrischen Kreisen aus einem anderen Blickwinkel.

4. Gibt es ein Ordnungsprinzip innerhalb jeder Mind Map?

Am besten stellt man sich das Zifferblatt einer Uhr vor, beginnend bei zwölf Uhr und im Uhrzeigersinn voranschreitend. Es brauchen ja nicht immer gleich zwölf Hauptäste zu sein. Wem das noch nicht genug Ordnung bedeutet, der kann zusätzlich noch nummerieren.

Anmerkung:

Der Begriff **Mind Map** ist eine eingetragene Marke der **Buzan Organisation**, der Begriff **Mind Mapping** eine eingetragene Marke von **Maria Beyer**.

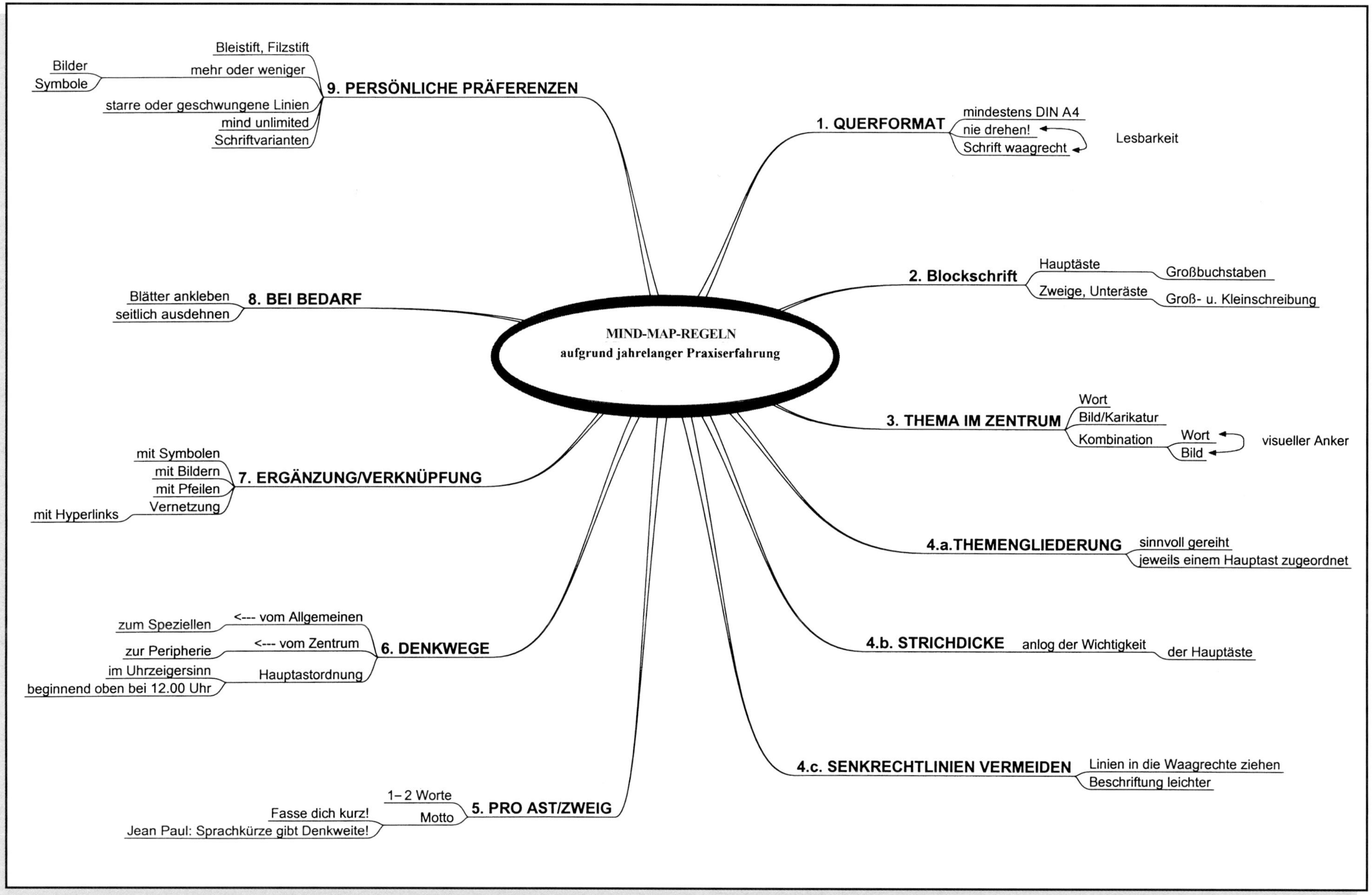
MIND-MAP-REGELN
aufgrund jahrelanger Praxiserfahrung
1. QUERFORMAT
mindestens DIN A4
nie drehen!
Schrift waagrecht
Lesbarkeit
2. Blockschrift
Haupttäste
Großbuchstaben
Zweige, Unteräste
Groß- u. Kleinschreibung
3. THEMA IM ZENTRUM
Wort
Bild/Karikatur
Kombination
Wort
Bild
visueller Anker
4.a.THEMENGLIEDERUNG
sinnvoll gereiht
jeweils einem Hauptast zugeordnet
4.b. STRICHDICKE
anlog der Wichtigkeit
der Hauptäste
4.c. SENKRECHTLINIEN VERMEIDEN
Linien in die Waagrechte ziehen
Beschriftung leichter
5. PRO AST/ZWEIG
1– 2 Worte
Motto
Fasse dich kurz!
Jean Paul: Sprachkürze gibt Denkweite!
6. DENKWEGE
<--- vom Allgemeinen
zum Speziellen
<--- vom Zentrum
zur Peripherie
Hauptastordnung
im Uhrzeigersinn
beginnend oben bei 12.00 Uhr
7. ERGÄNZUNG/VERKNÜPFUNG
mit Symbolen
mit Bildern
mit Pfeilen
Vernetzung
mit Hyperlinks
8. BEI BEDARF
Blätter ankleben
seitlich ausdehnen
9. PERSÖNLICHE PRÄFERENZEN
Bleistift, Filzstift
mehr oder weniger
Bilder
Symbole
starre oder geschwungene Linien
mind unlimited
Schriftvarianten

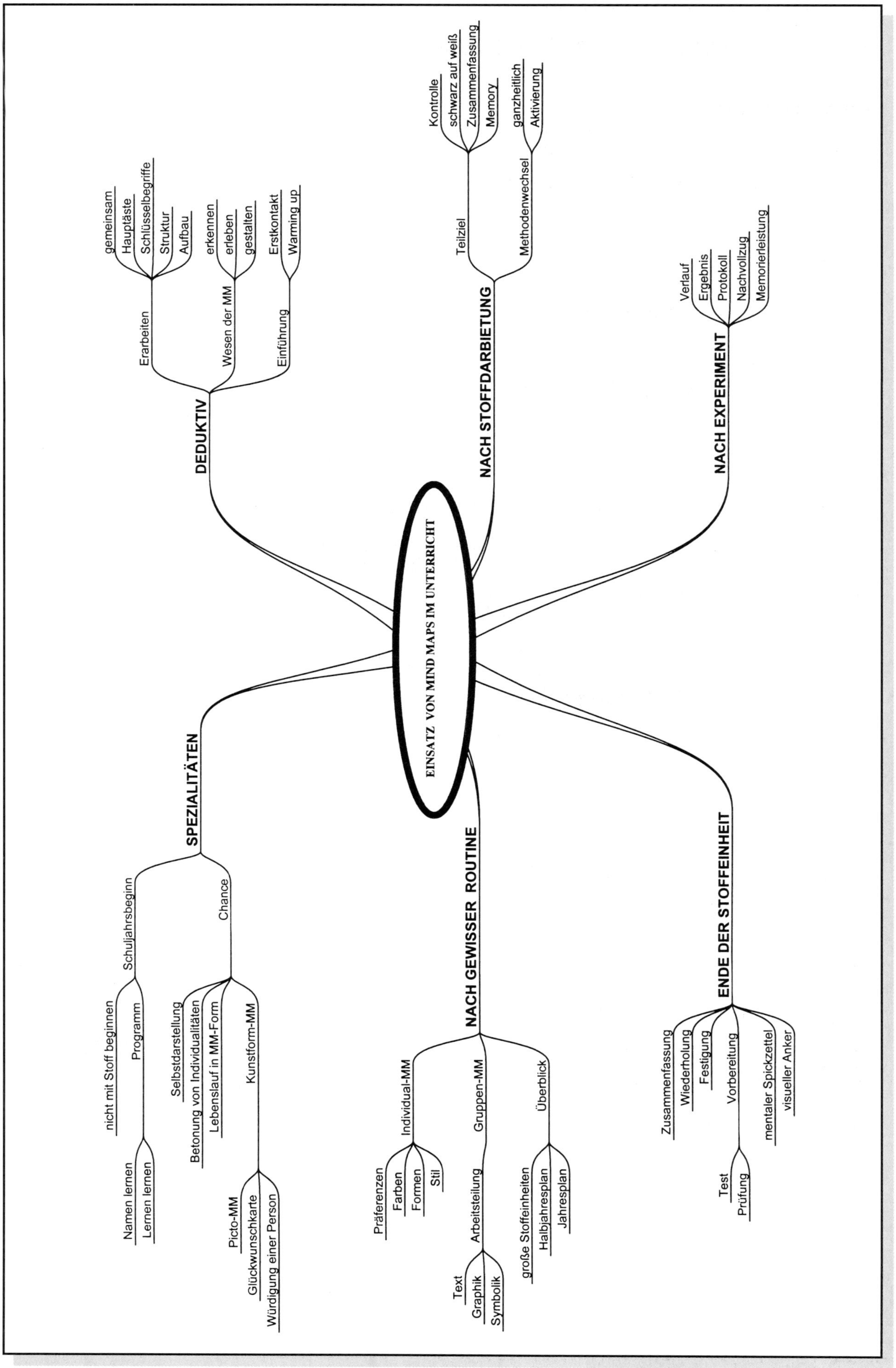
EINSATZ VON MIND MAPS IM UNTERRICHT
DEDUKTIV
Erarbeiten
gemeinsam
Hauptäste
Schlüsselbegriffe
Struktur
Aufbau
Wesen der MM
erkennen
erleben
gestalten
Einführung
Erstkontakt
Warming up
NACH STOFFDARBIETUNG
Teilziel
Kontrolle
schwarz auf weiß
Zusammenfassung
Memory
Methodenwechsel
ganzheitlich
Aktivierung
NACH EXPERIMENT
Verlauf
Ergebnis
Protokoll
Nachvollzug
Memorierleistung
ENDE DER STOFFEINHEIT
Zusammenfassung
Wiederholung
Festigung
Vorbereitung
Test
Prüfung
mentaler Spickzettel
visueller Anker
NACH GEWISSER ROUTINE
Individual-MM
Präferenzen
Farben
Formen
Stil
Gruppen-MM
Arbeitsteilung
Text
Graphik
Symbolik
Überblick
große Stoffeinheiten
Halbjahresplan
Jahresplan
SPEZIALITÄTEN
Schuljahrsbeginn
nicht mit Stoff beginnen
Programm
Namen lernen
Lernen lernen
Chance
Selbstdarstellung
Betonung von Individualitäten
Lebenslauf in MM-Form
Kunstform-MM
Picto-MM
Glückwunschkarte
Würdigung einer Person

8.1 Lernplanung mit Mind Maps

Wochenplan

Erstelle für die kommende Woche einen Lernplan im Sinne einer To-do-Liste. Hake erledigte Termine ab.

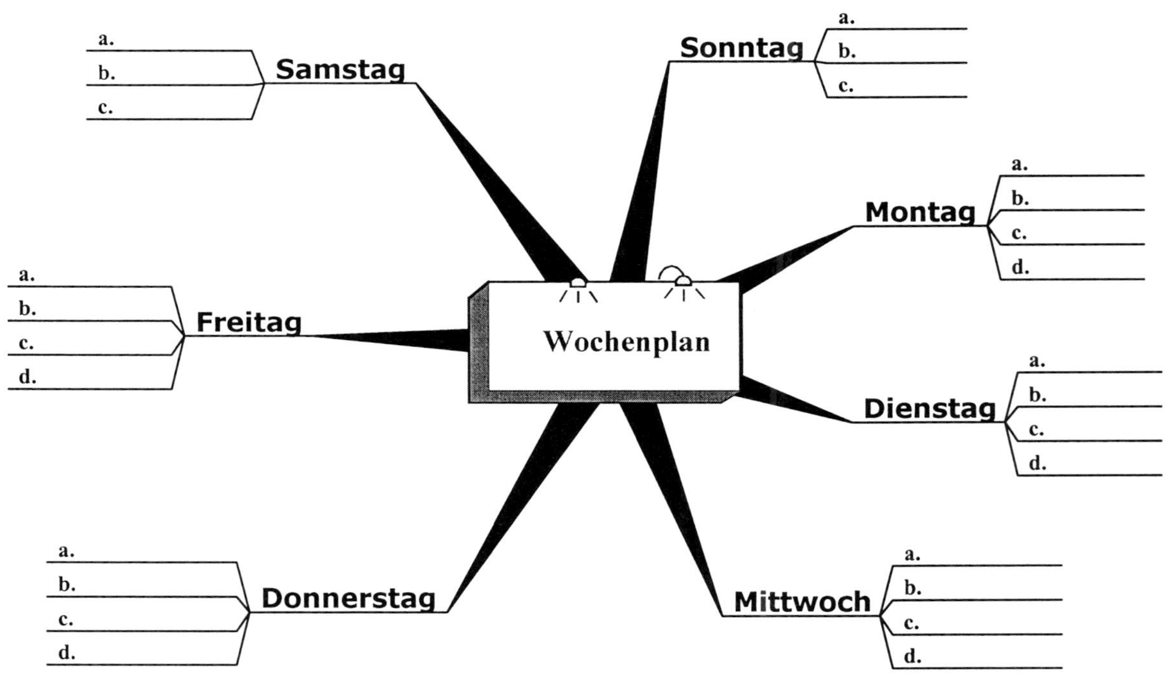

Gut geplant ist halb verwirklicht. Versuche deshalb für einen zeitlich überschaubaren Lernabschnitt einen Plan aufzustellen. Wichtiger als die eigentliche Planung ist natürlich die konsequente und kompromisslose Umsetzung. Hierbei muss man ehrlich zu sich selbst sein. Ein Rat gilt immer: rechtzeitig mit dem Lernen beginnen, regelmäßig wiederholen und dabei die Art der Wiederholung variieren; nicht zum blockadenbedrohten Saisonarbeiter werden, dem die Termine unter den Nägeln brennen.

Monatsplan

Trage nur die wichtigsten Termine ein wie Klassenarbeiten und Prüfungen, eventuell auch wichtige außerschulische Termine.
Tipp: Vergrößere den Plan auf DIN A3!

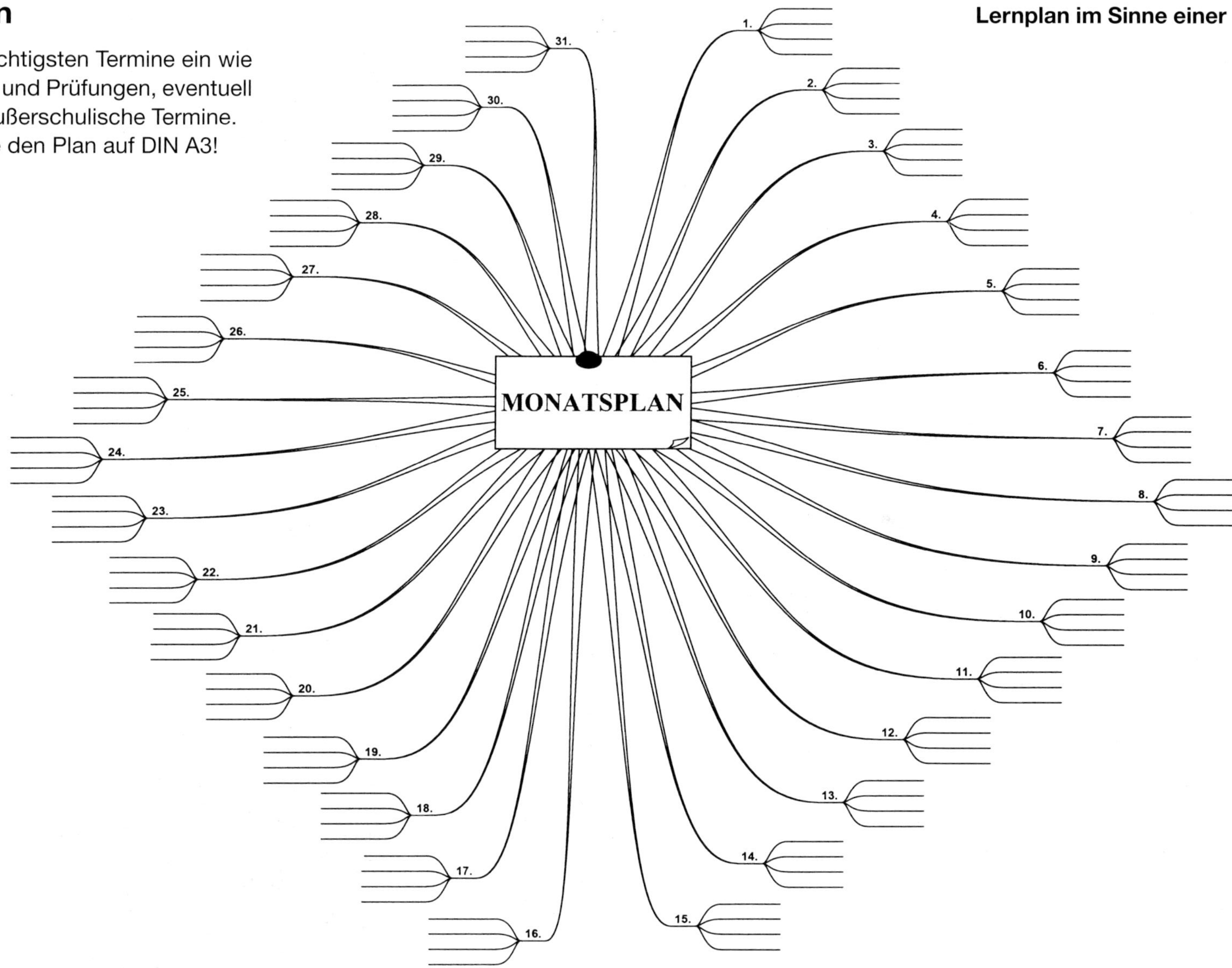

Halbjahresplan

Trage nur die wichtigsten Termine ein wie Klassenarbeiten und Prüfungen, eventuell auch wichtige außerschulische Termine. Gib die Wochen (z. B. 1. 7.–7. 7.) genauer an, um die Übersicht nicht zu verlieren.
Tipp: Vergrößere den Plan auf DIN A3!

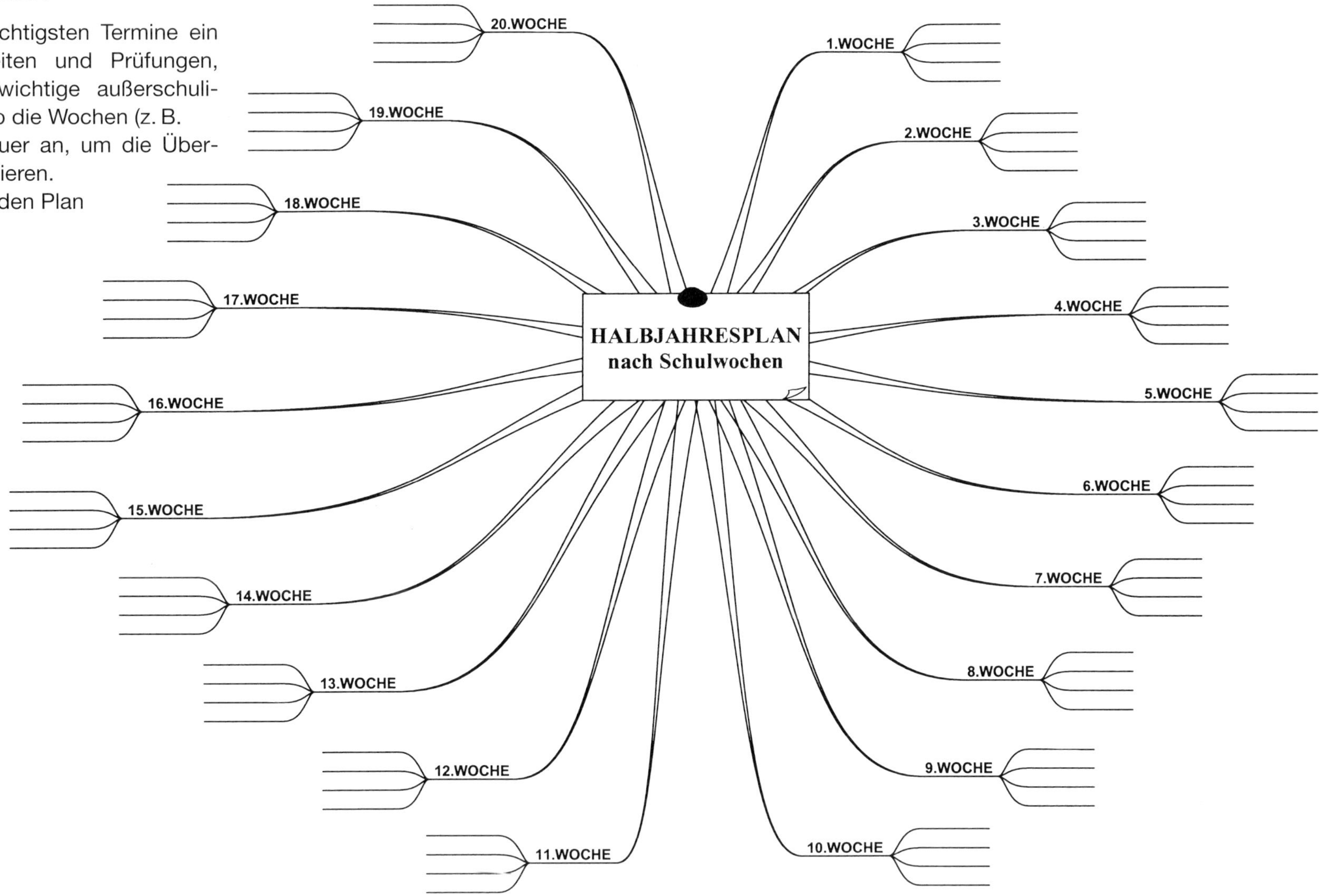

8.2 Mind Mapping beim Fremdsprachenlernen

Find the Noun

Einer Klasse stellte man die Aufgabe, für die Vorbereitung zu einer schriftlichen Abschlussprüfung im Fach Englisch eine Liste „Verb → Noun“ sinnvoll in eine Mind Map (s. u.) umzuformen. In einer Gruppenarbeit gab es etliche Ansätze, jedoch war die bestechendste Lösung zweifellos eine Mind Map, die auf einer Sortierung der Nouns nach Nachsilben basierte. Folglich mussten nicht mehr 116 einzelne Wortpaare gelernt werden, sondern in 9 Untergruppen zusammengefasste Nouns gleicher Endungen: eine plausible Ordnung mit dem Assoziationsprinzip „Endungen“ wie z. B. -ion, -ment, -al, -ce, -ing, -ance, -ght, …

Zunächst mag einen Leser eine differenzierte Mind Map verwirren, ja erschlagen. Begibt man sich jedoch auf eine Gedankenreise vom Zentrum über die Hauptäste zu den Neben- und Unterästen der Peripherie, werden einem die Zusammenhänge bald klarer.

Bei den nach Endungen gesammelten „Wortfamilien“ erkennt man sinnvolle Gruppierungen. Spricht man den Assoziativ-Wortschatz laut vor sich hin, ergeben sich obendrein Rhythmisierungseffekte. Der Transfer solcher Strategien auf die Bewältigung anderer Gedächtnisleistungen hin wäre ein Schritt in die richtige Richtung: Das Denken im eigenen Bio-Computer übend besser zu ordnen und zu vernetzen.

to laugh	laughter
to sail	sailing
to race	race
to elect	election
to govern	government
to warn	warning
to advertise	advertisement
to appear	appearance
to arrange	arrangement
to arrive	arrival
to assist	assistance
to win	winner
to welcome	welcome
to manage	management
to paint	painting
to satisfy	satisfaction
to grow	growth
to perform	performance
to mean	meaning
to begin	beginning
to believe	belief
to think	thought
to weigh	weight
to refuse	refusal
to entertain	entertainment
to advise	advice
to settle	settlement
to employ	employee, -er
to breathe	breath
to decide	decision
to greet	greeting
to heat	heating
to inform	information
to receive	reception
to build	building
to meet	meeting
to organize	organization
to describe	description
to develop	development
to explain	explanation
to treat	treatment
to differ	difference
to direct	direction
to confuse	confusion
to reply	reply
to connect	connection
to dictate	dictation
to enter	entrance
to train	training
to discuss	discussion
to fight	fight
to reserve	reservation
to propose	proposal
to draw	drawing
to solve	solution
to crown	coronation
to surround	surrounding
to shop	shopping
to examine	examination
to destroy	destruction
to clean	cleaner
to amuse	amusement
to sign	signation, signature
to mix	mixture
to invent	invention
to excite	excitement
to die	death
to collect	collection
to combine	combination
to translate	translation
to apply	application
to approve	approval
to congratulate	congratulation
to insure	insurance

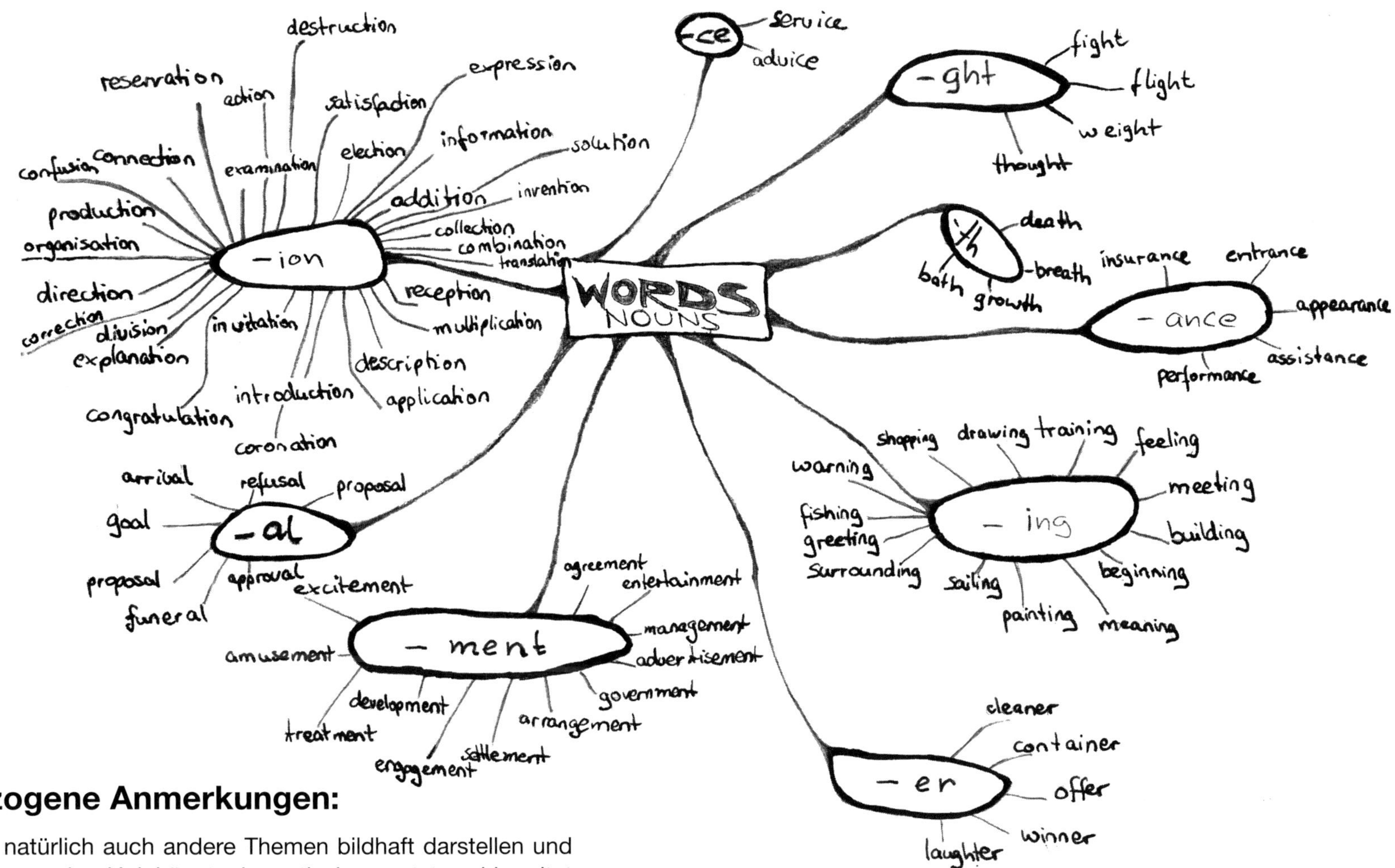

Lehrerbezogene Anmerkungen:

So ließen sich natürlich auch andere Themen bildhaft darstellen und der Wortschatz mancher Unit könnte thematisch vernetzt nachbereitet werden, z. B. landeskundliche Themen, Kultur, Natur, Problemfelder. In einer höheren Transferstufe wäre eine komplette Eigengestaltung eines solchen Netzwerks angebracht.
(Beispielthema „Travelling“)

Grammar Expressions

Jeder kennt die Listen grammatischer Ausdrücke, weiß genau, dass er sie können bzw. verstehen sollte in deren komplexen Sinnzusammenhang. Erst dann wäre gewährleistet, von dauerhaftem Verstehen aller Spielarten von Grammatik in einen Sprachgefüge zu sprechen.

Aus diesem Grund hier eine handgefertigte Mind Map als alternative Darstellung von Vernetzung und innerem Zusammenhang. Die Listen von Fachbegriffen sollen dadurch nicht entwertet, jedoch durch einen Perspektivwechsel sinnvoll ergänzt werden. Weiterführend könnte man die Nebenäste durch Beispiele anreichern, eine weitere Übungsmöglichkeit zur Vertiefung des Sinnverständnisses.

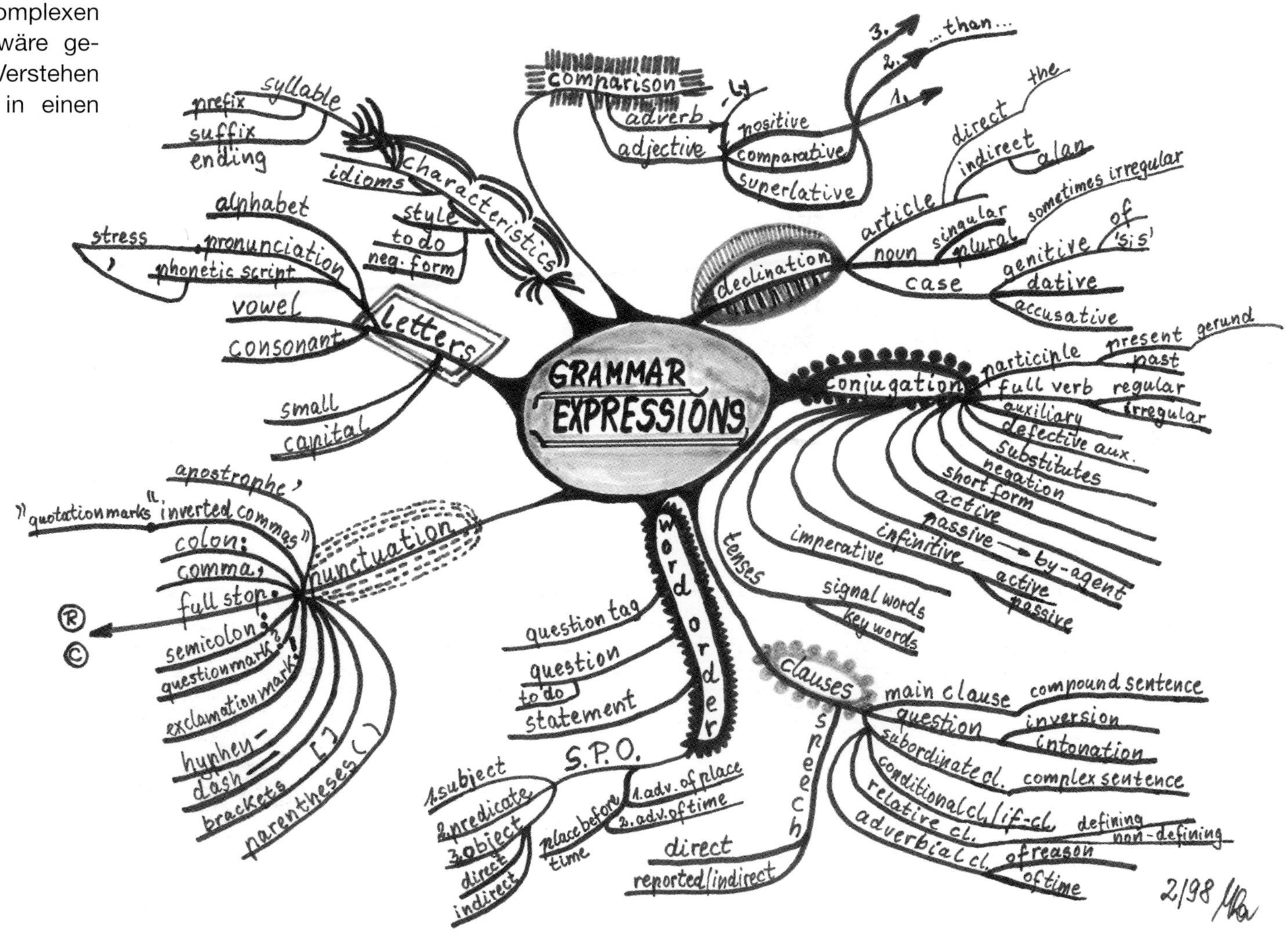

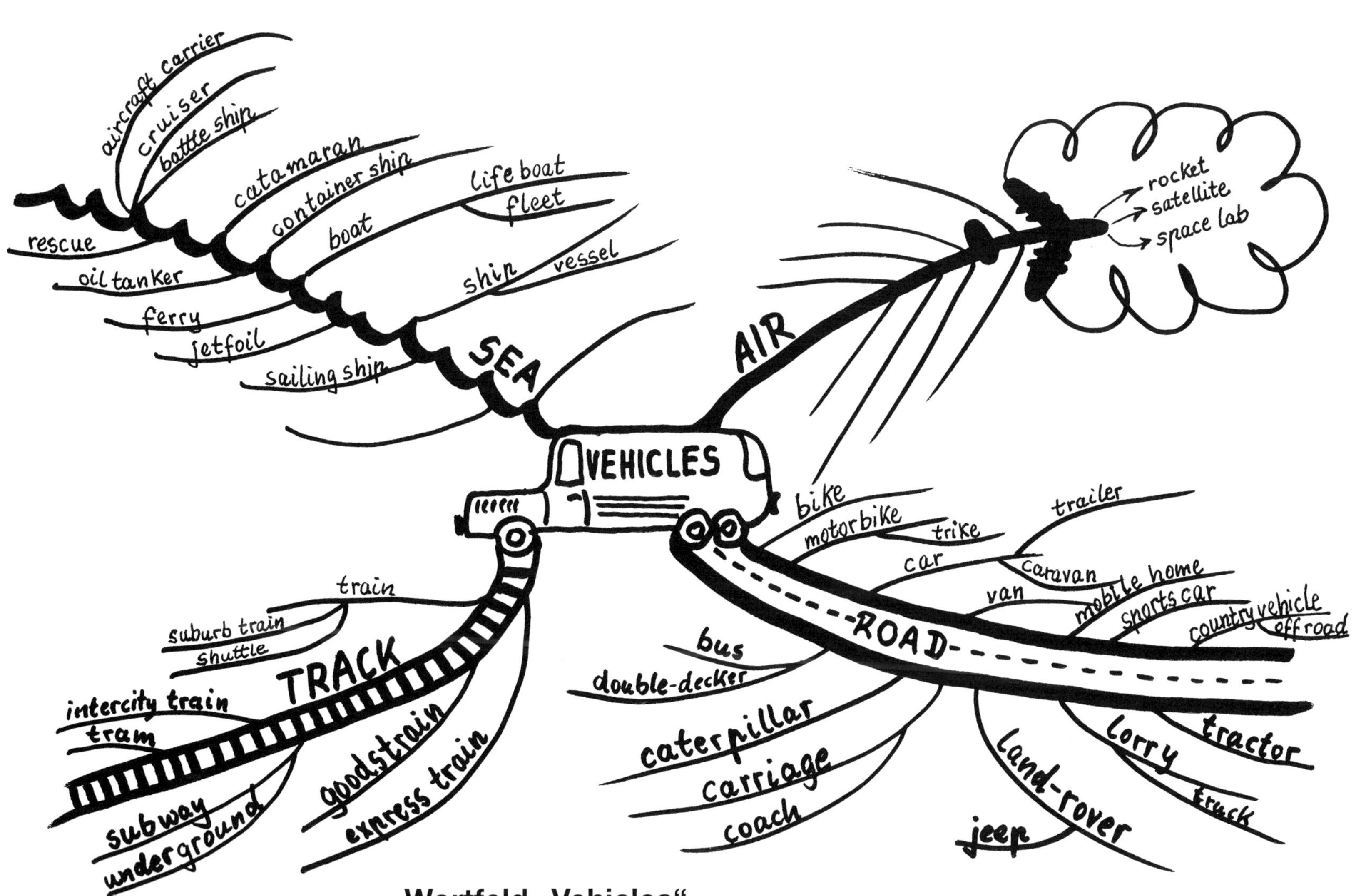

Wortfeld „Vehicles“

Ergänze die freien Äste und zeichne da oder dort ein Bildsymbol zum jeweiligen Begriff als Übersetzungshilfe bzw. als bildhaften Anker.

Wortfeld „to say“

Suche zum Wortfeld „to say“ eine Reihe von Synonymen! Das kann gleichzeitig ein Gewinn für den Deutsch-Unterricht sein. Verwende die Verben bei Übungen in Dialogformen oder bei indirekter Rede.

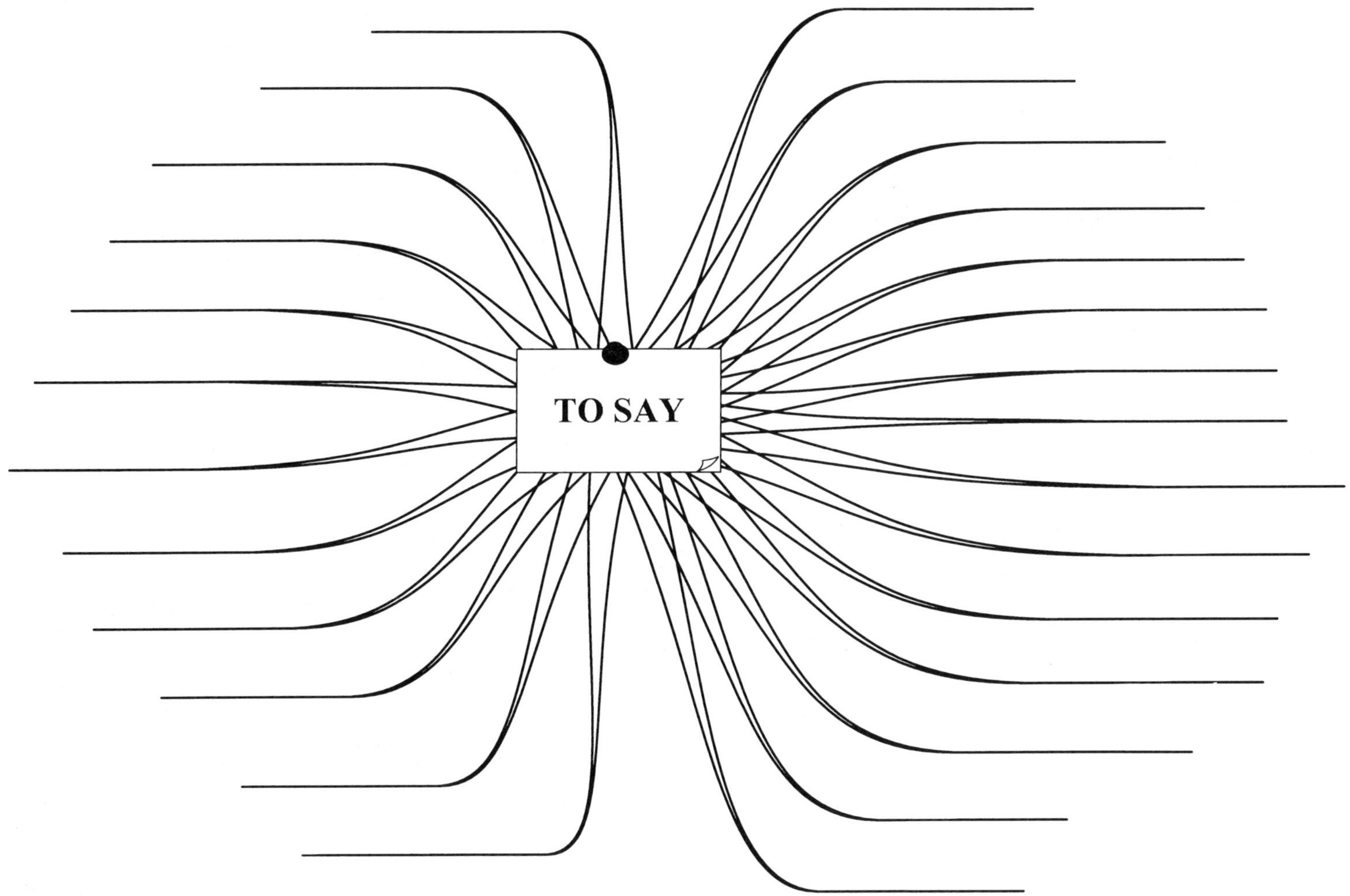

Wortfeld „People and Peoples“

Complete the mind map and try to speak about the topic: Leute und Völker.
Vervollständige die Mind Map und versuche darüber zu sprechen.

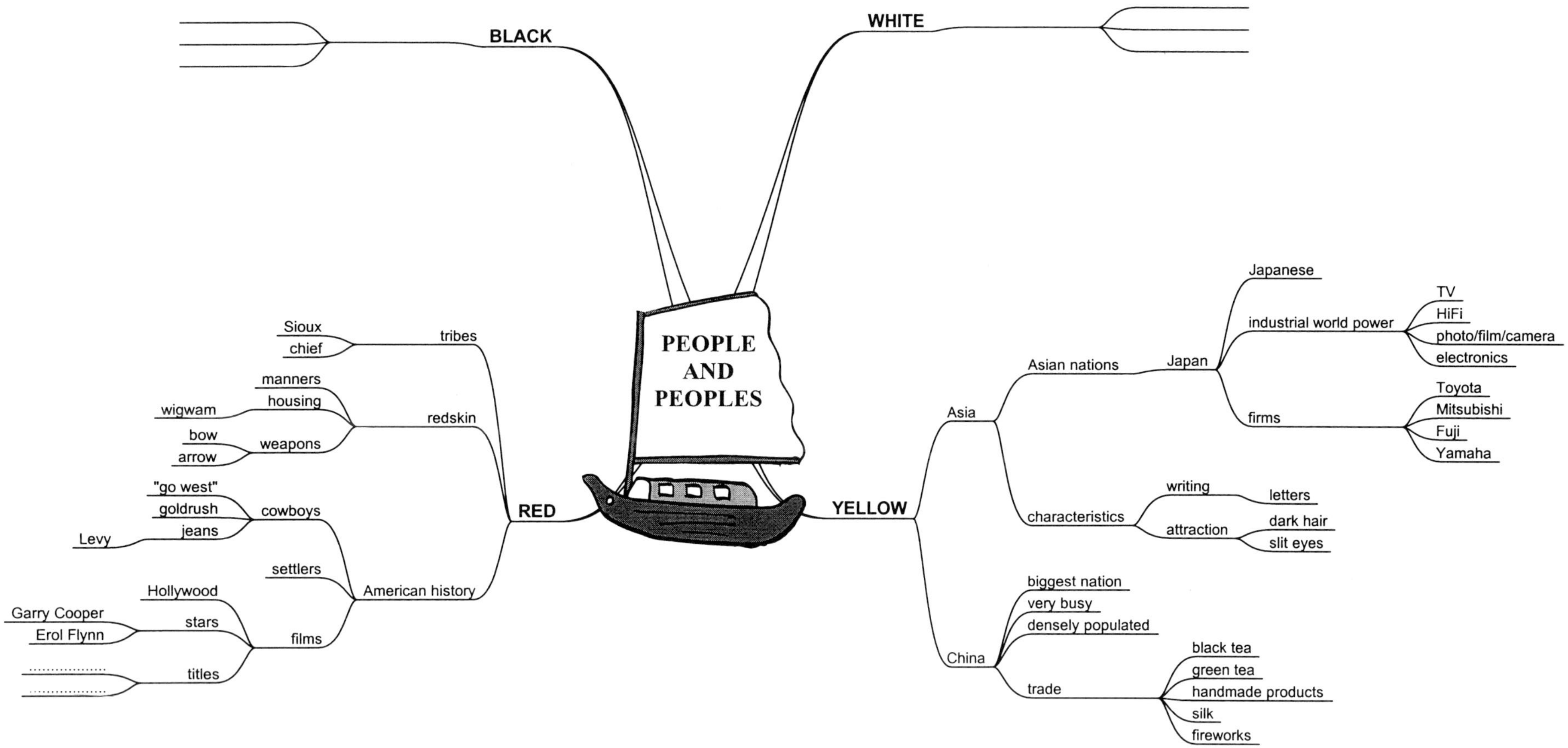

8.3 Mind Mapping beim Aufsatzschreiben

Ein spannender Urlaubstag

Angenommen, du musst einen Aufsatz zum Thema „Ein spannender Urlaubstag“ verfassen. Gehe so vor, dass du zunächst nur Stichwörter aufschreibst. Hast du genügend gesammelt, ordne sie in Form einer Mind Map, die aus drei Hauptästen (Einleitung, Hauptteil, Schluss) besteht.
Werden mehrere Themen zur Wahl gestellt und du kannst dich nicht entscheiden, so fertige eine Blitz-Map, um abzuklären, wozu dir mehr Gedankenfülle bei den Hauptästen aufblitzt. So bist du sicherer, das richtige Thema gewählt zu haben.

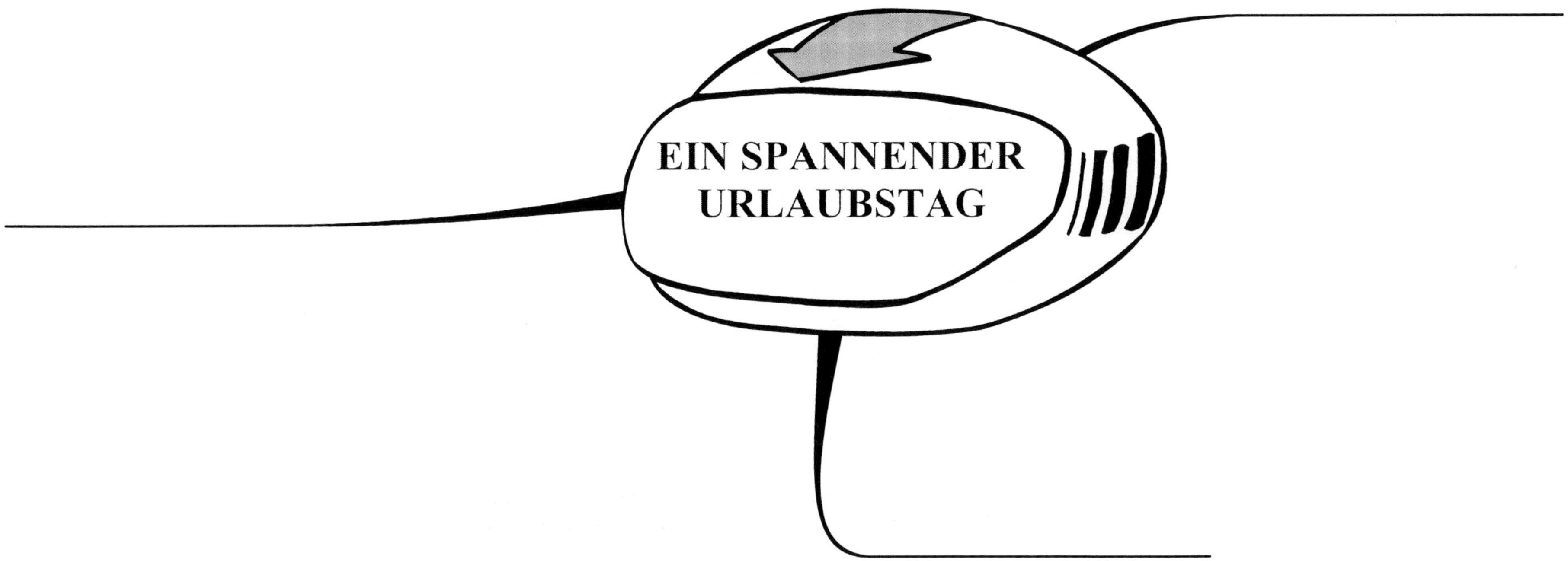

Heimat und Tourismus

Entwickle die Grobgliederung weiter zu einer umfangreichen Stoffsammlung für einen Aufsatz.
Weiter hinten findest du einen Lösungsvorschlag.

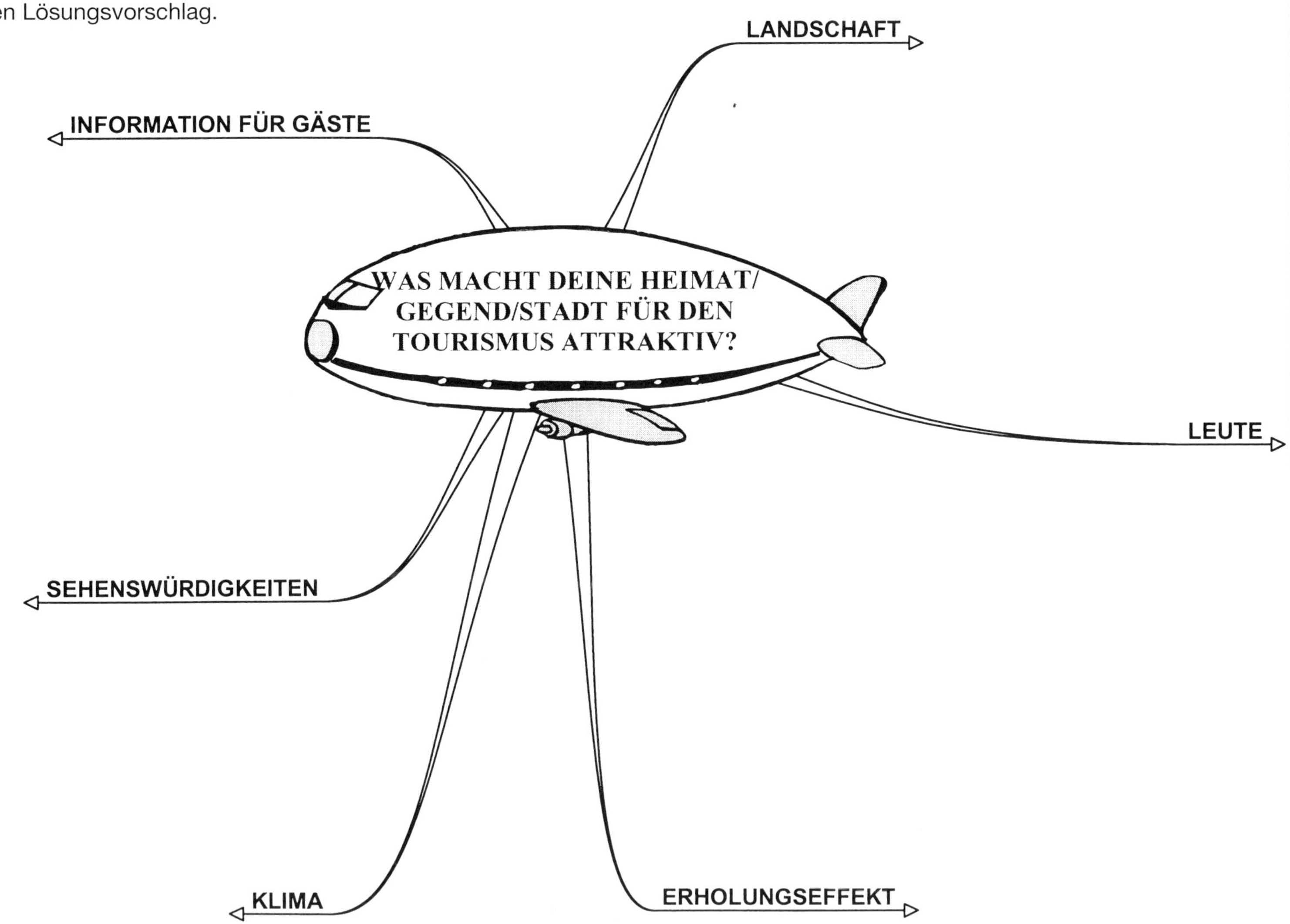

Rauchen/Alkohol/Drogen

Versuche das Thema nach Vorgabe von möglichen Hauptästen gliedernd weiter zu entwickeln. Du brauchst dich nicht an die vorgegebene Grobgliederung gebunden fühlen. Ein Lösungsbeispiel findest du weiter hinten.

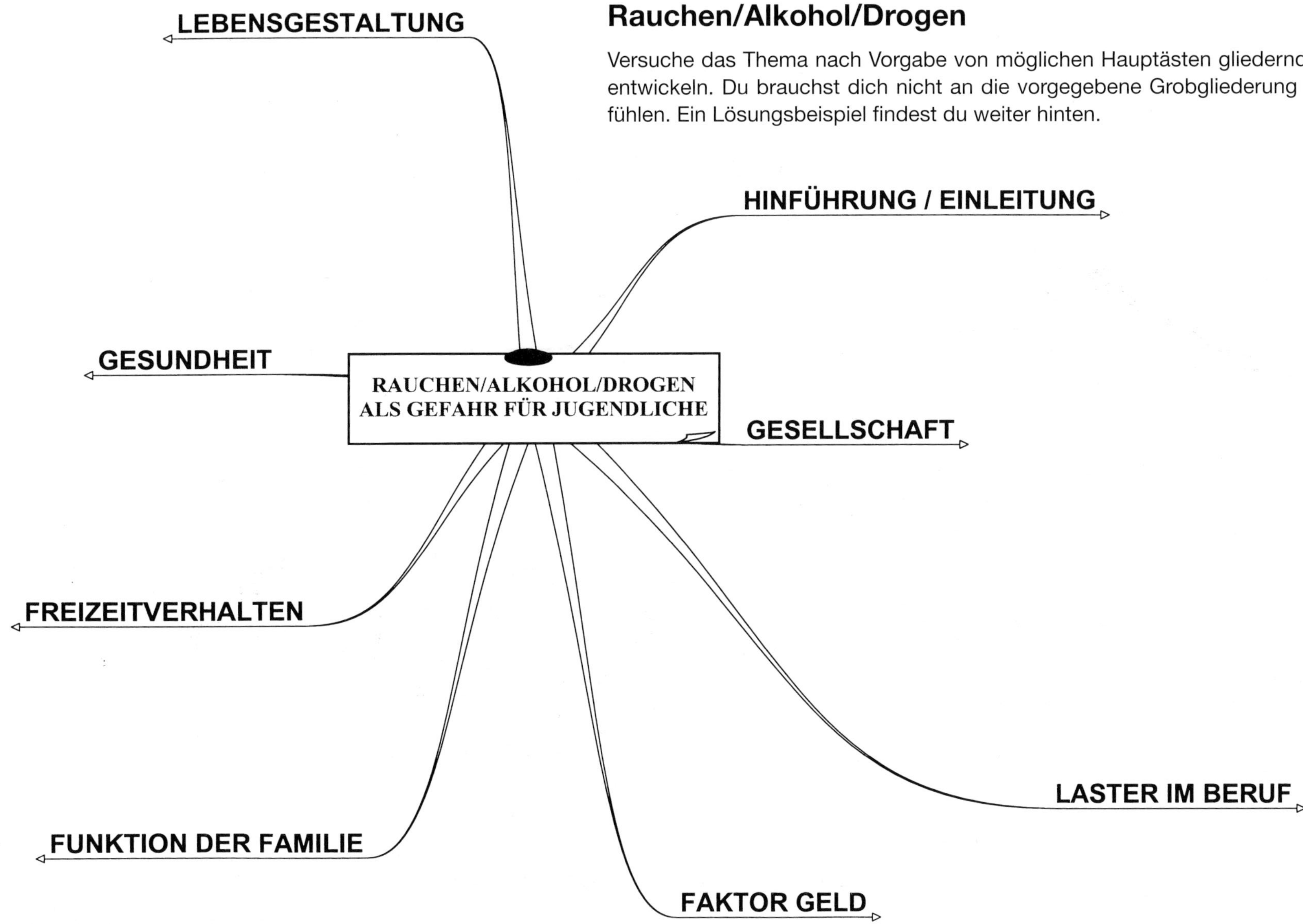

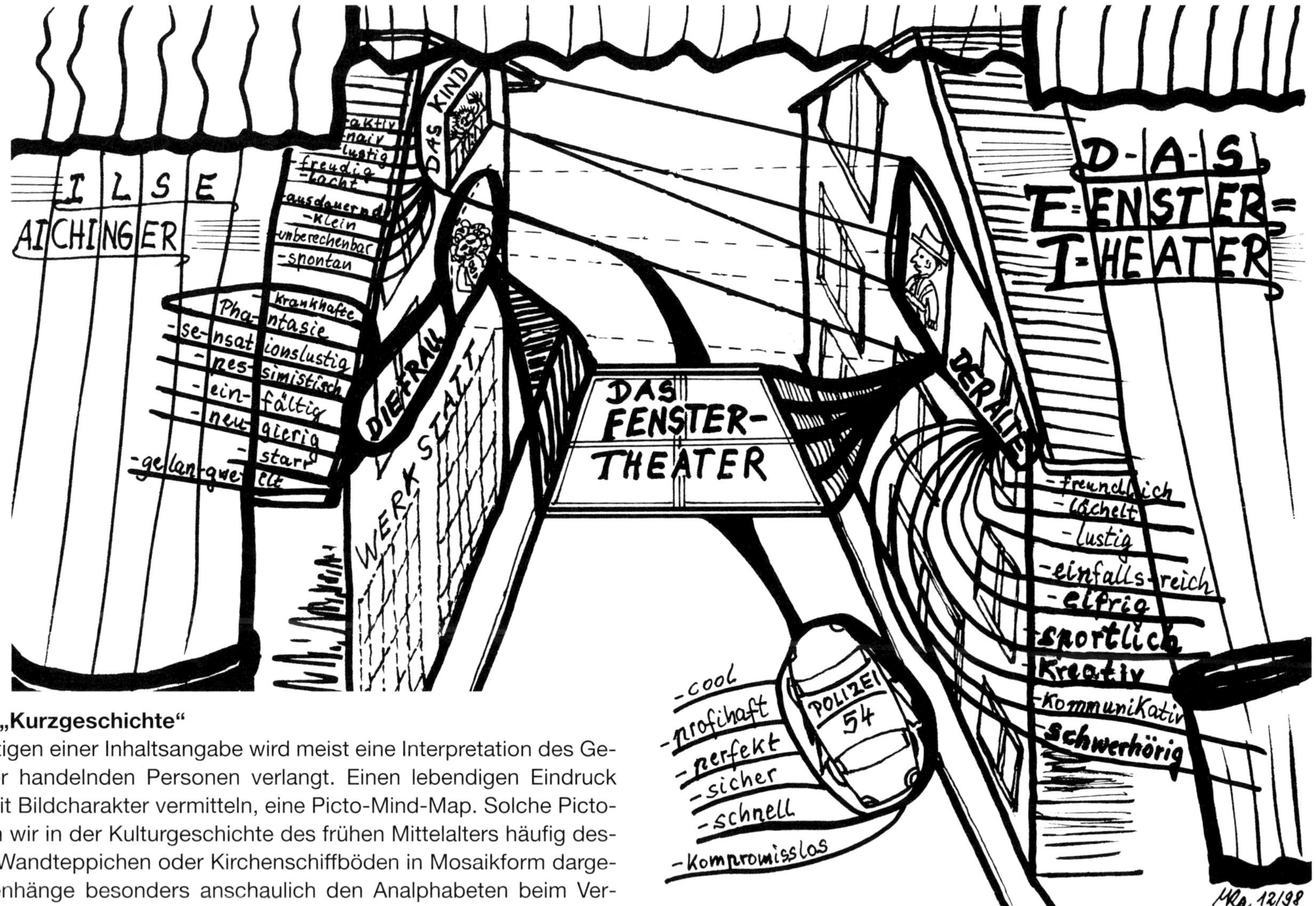

Picto-Mind-Map „Kurzgeschichte"

Neben dem Anfertigen einer Inhaltsangabe wird meist eine Interpretation des Geschehens und der handelnden Personen verlangt. Einen lebendigen Eindruck würde eine MM mit Bildcharakter vermitteln, eine Picto-Mind-Map. Solche Picto-Mind-Maps finden wir in der Kulturgeschichte des frühen Mittelalters häufig deshalb, weil die auf Wandteppichen oder Kirchenschiffböden in Mosaikform dargestellten Zusammenhänge besonders anschaulich den Analphabeten beim Verständnis biblischer Geschichte halfen – auch ohne Worte. Im Unterricht können so sachliche Zusammenhänge bildhaft verstärkt werden.

8.4 Mind Mapping in Mathematik und Naturwissenschaften

Lösungskompass

Wenn du zielgerichtet und planmäßig vorgehst, kannst du mathematisch-naturwissenschaftliche Aufgaben besser lösen. Hierzu soll dir der Lösungskompass helfen. Falls dir noch weitere Lösungshilfen einfallen, trage sie in die Mind Map ein.

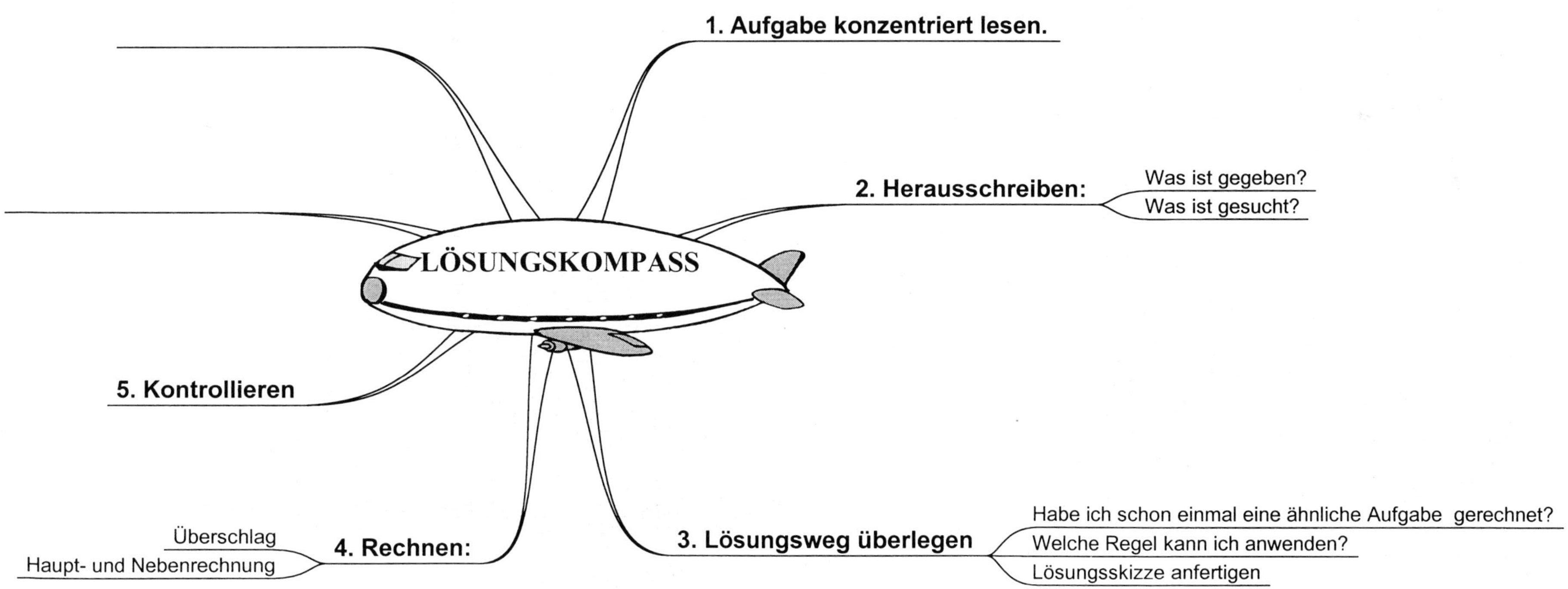

Mechanik

Entwerfe eine Mind Map, die aus den wichtigsten Definitionen der Mechanik besteht. Auf den Hauptästen stehen zentrale Begriffe wie Kraft, Arbeit, Leistung, Trägheit, Dichte, Drehmoment oder Energie. Bringe das, was darunter zu verstehen ist, auf den Nebenästen kurz und knapp an. Benutze hierzu dein Physikbuch.

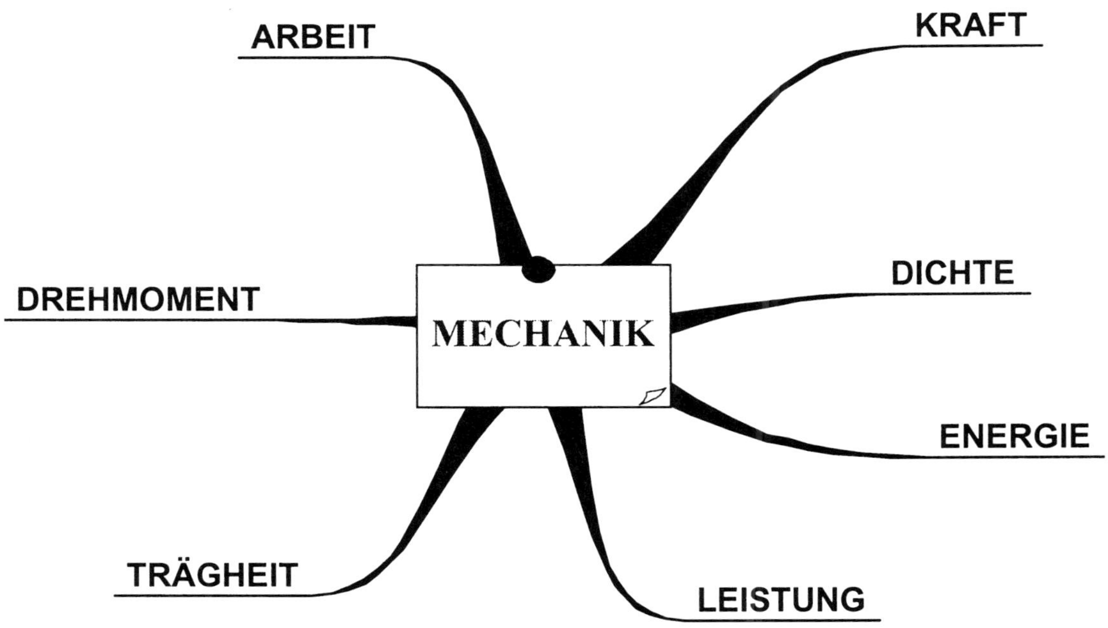

Kondensator

Du siehst hier eine Mind Map, die ein Schüler zum „Kondensator“ angefertigt hat. Erstelle zu einem anderen physikalischen Thema eine ähnliche Mind Map.

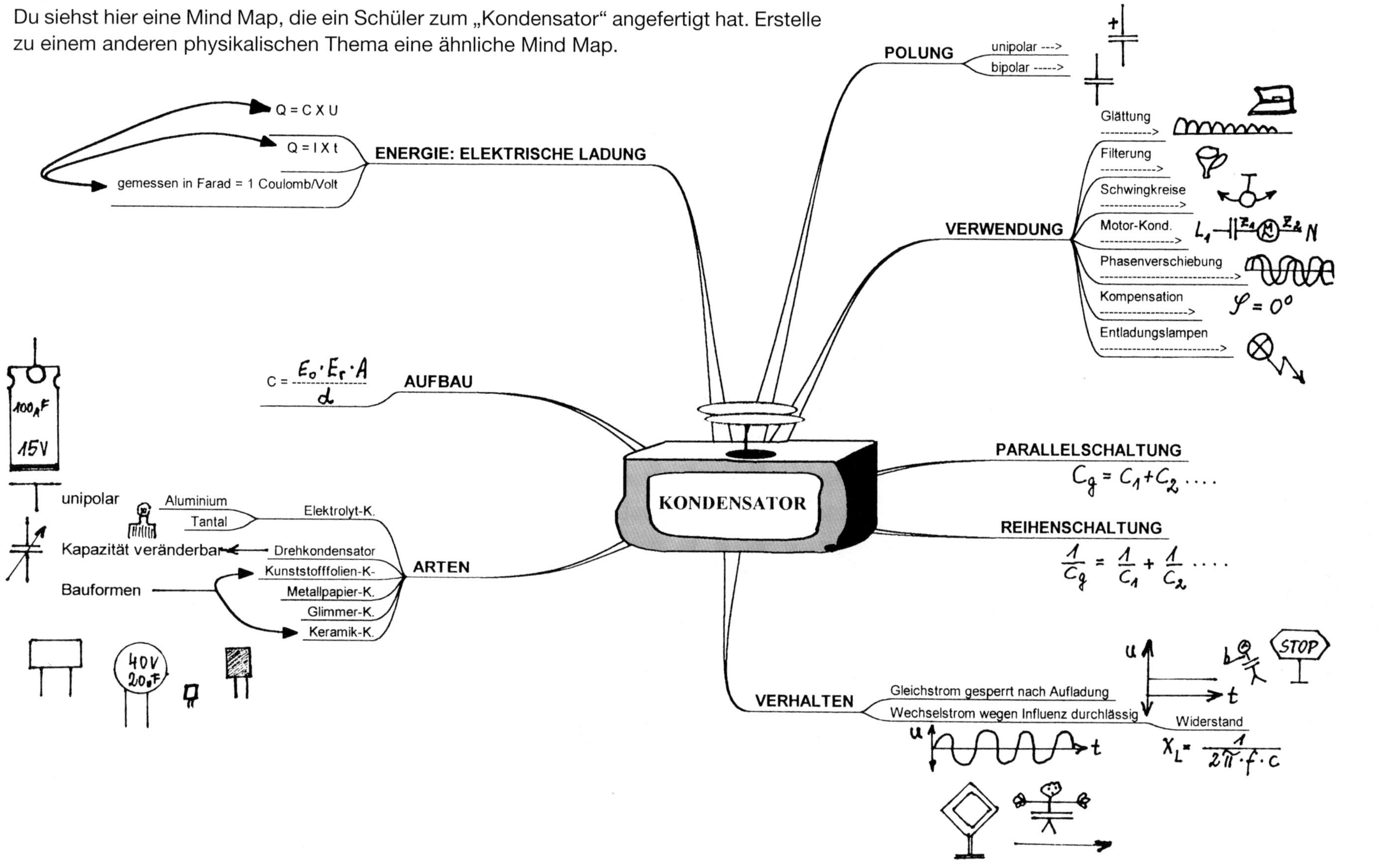

Anorganische Verbindungen

Trage in das Cluster möglichst viele anorganische Verbindungen ein (z. B. Wasser H_2O). Benutze hierzu ein Chemiebuch.

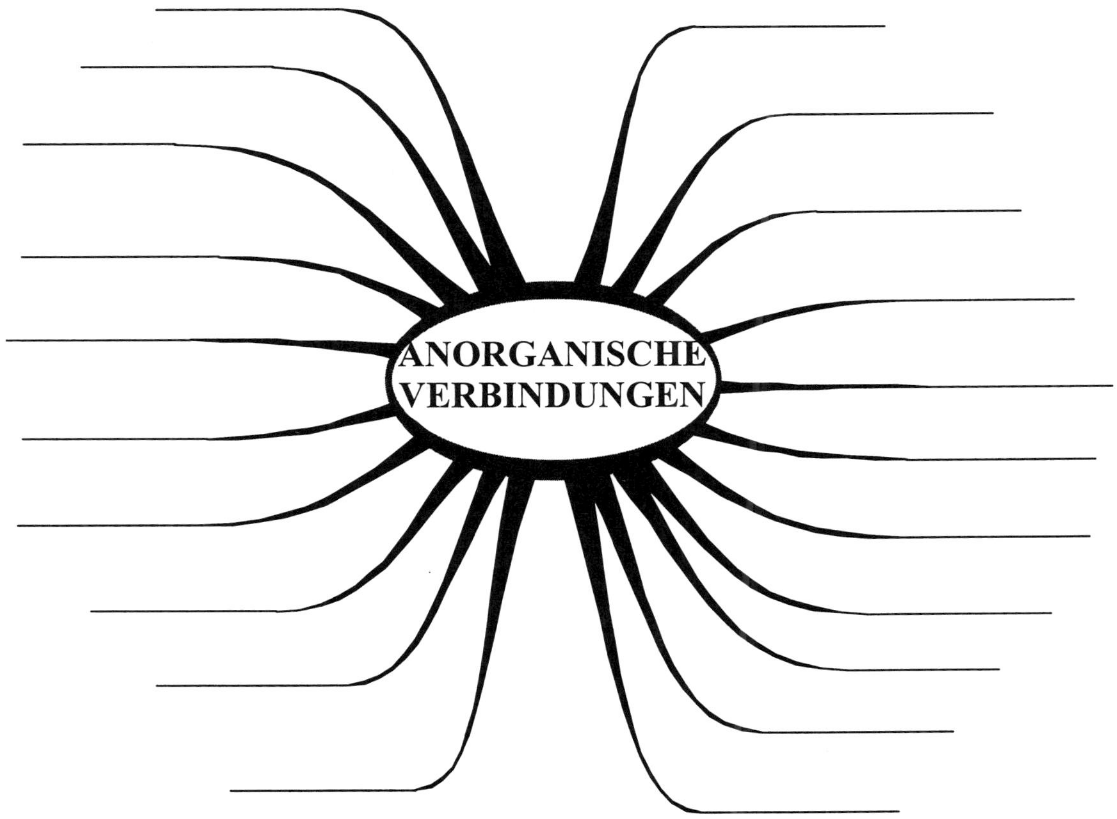

8.5 Mind Mapping in den Nebenfächern

Musik in Moll

Wie in jedem anderen Unterrichtsfach können auch in Musik leicht überschaubare Mind Maps angelegt werden. Hier noch einige bereits umgesetzte Themenvorschläge: Kultmusical „Hair“, Varianten von Liedbegleitungen, Improvisationen in Pentatonik, musikalische Parameter oder Komponistenporträts.

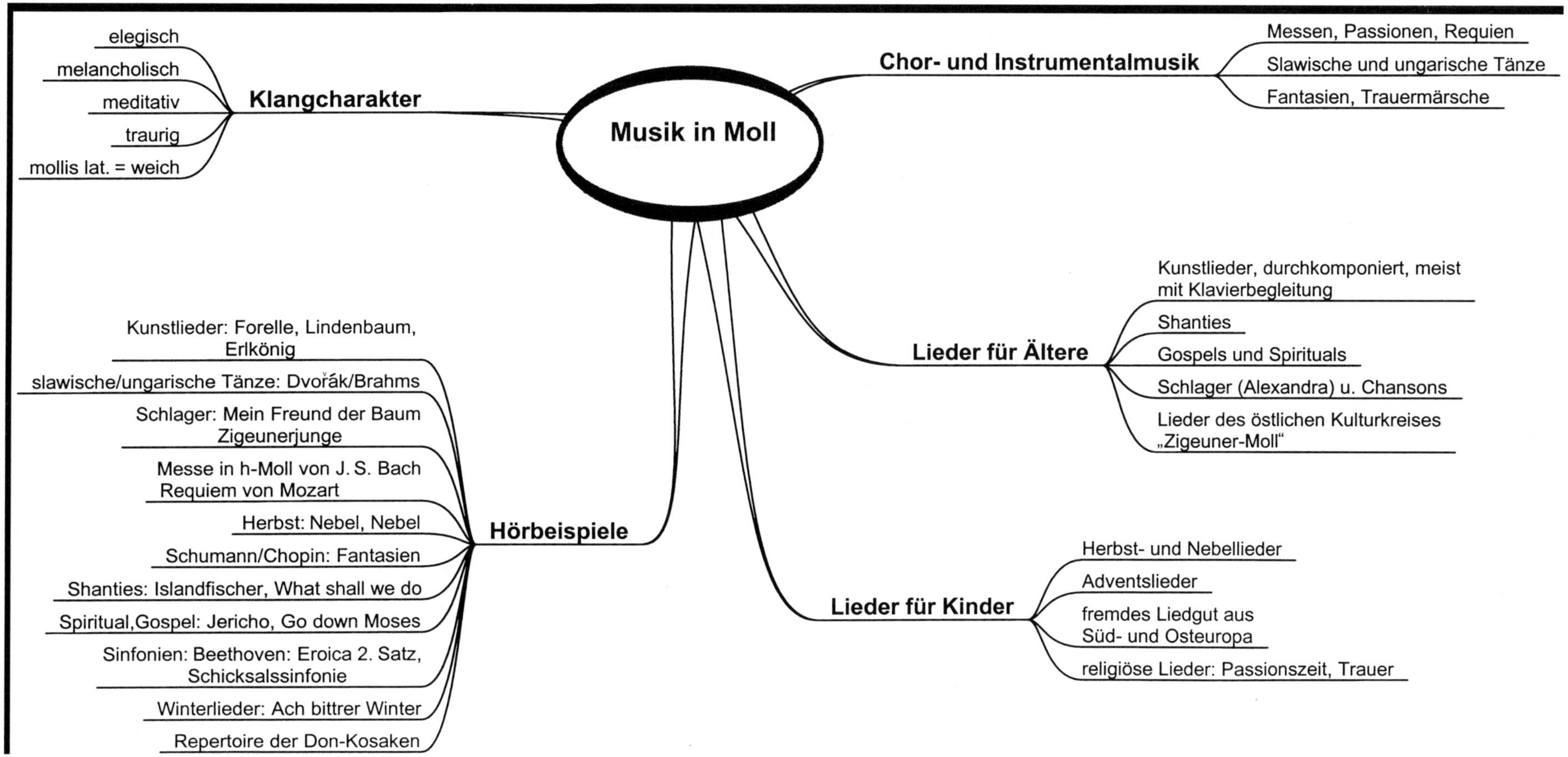

Musikstile

Suche zu den Musikstilen Komponisten und/oder jeweils passende Musikstücke.

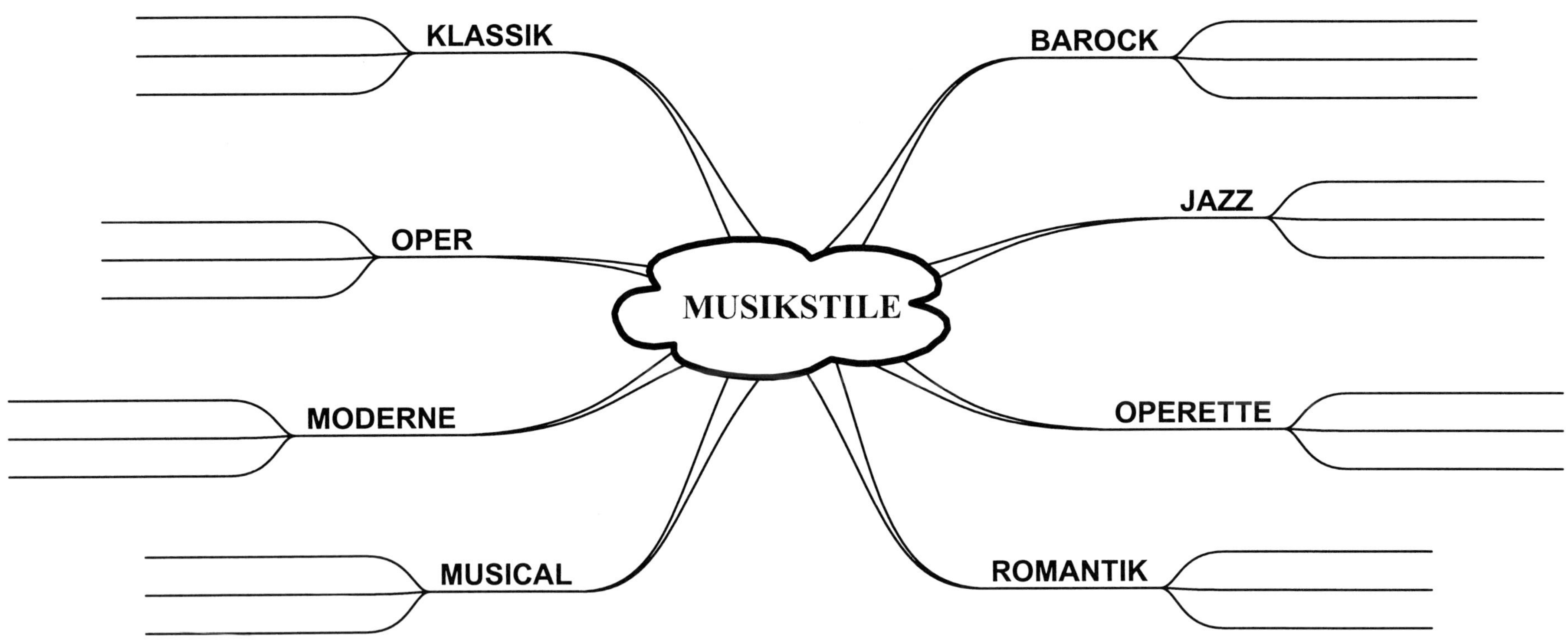

Kunststile

Suche zu den Nebenästen entsprechende Maler und/oder bekannte Werke aus jenen Stilepochen.

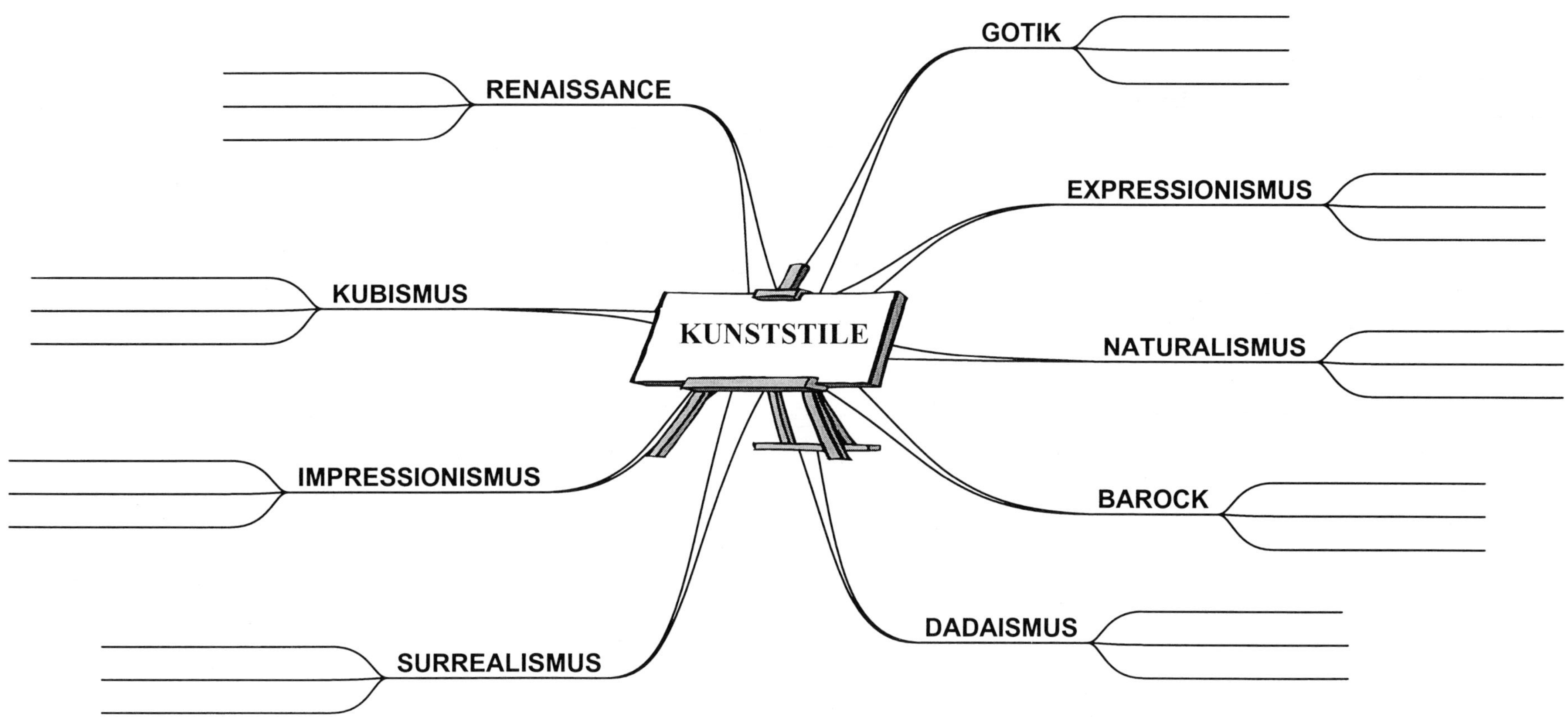

Mind Mapping in der Datenverarbeitung

Tabellenkalkulation: Excel

Zwei Hauptäste wurden abgeklappt. Versuche die fehlenden Nebenäste und damit die Struktur von Excel wieder entstehen zu lassen. Falls nötig, nimmt ein DV-Fachbuch zur Hand. Weiter hinten findest du die Lösung (S. 139).

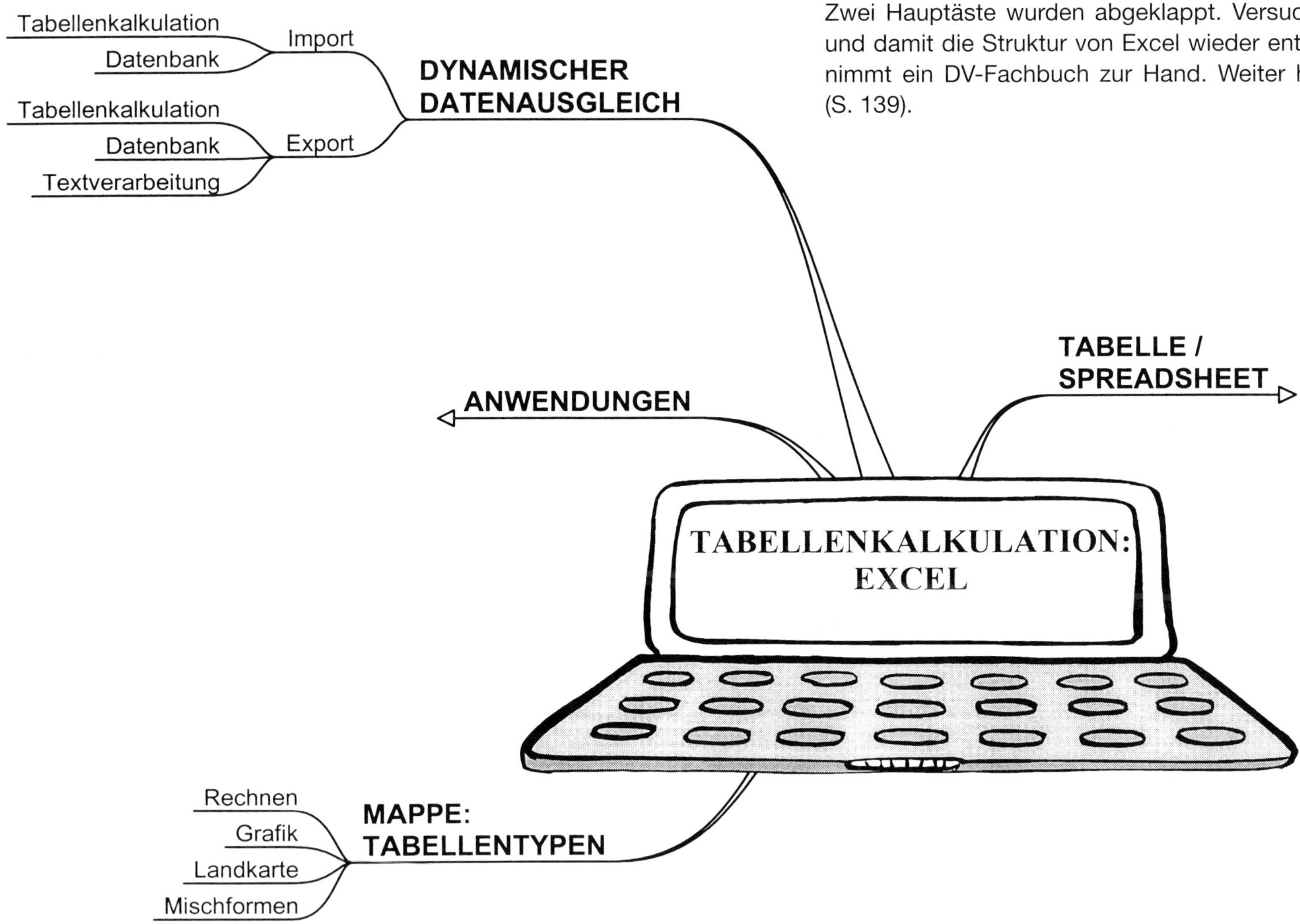

Exkurs: Clustering

Vom Einfachen zum Schwierigen ist eine altbewährte methodische Binsenweisheit. Deshalb ist Clustering (von Cluster: Traube, Bündel, Büschel) eine leicht überschaubare Vorübung zum Mind Mapping und stellt ein wirksames Instrumentarium beim Brainstorming dar.

Ins Zentrum eines Clusters schreibt man entweder ein Wort (blau, grün, rot; Sonne, Urlaub, Wohnen, Musik ...) bzw. zeichnet ein Symbol (Buch, Büroklammer, Auto ...).

Bei der Gestaltung des Clustergerippes sollte man darauf achten, dass die Arme/Äste in die Waagrechte oder mindestens in die Schräge verlaufen (s. u.). Senkrechte Linien lassen sich schlecht beschriften und noch schlechter lesen. Das Cluster- oder Mind-Map-Blatt sollte stets im Querformat liegen bleiben.

Cluster-Beispiele finden sich jetzt schon ab und zu in Büchern, da dies sehr leicht darstellbar und überschaubar ist und wenig Aufwand bei der Gestaltung erfordert. Der Schritt zum Mind Mapping ist etwas schwieriger, weil hierbei nicht nur willkürlich gereiht wird, sondern mehr Ordnung und Logik vom Anwender verlangt wird, also eine höhere Stufe der Lernmethodik. Cluster haben vom Zentrum her gesehen nur eine Ableitung, Mind Maps dagegen je nach Differenziertheit vielleicht sogar sieben oder mehr Ableitungen. Im angelsächsischen Sprachraum gibt es sogar schon eine Doktorarbeit im Mind-Map-Stil.

Wenn auf die Technik des Clusterings erst an dieser Stelle hingewiesen wird, bedeutet dies deshalb keineswegs eine Abwertung der Methode. Die Cluster-Beispiele aus dem Fach Englisch (s. Wortfeld „to run“) beweisen das wohl hinreichend: last, but not least.

Cluster-Beispiel

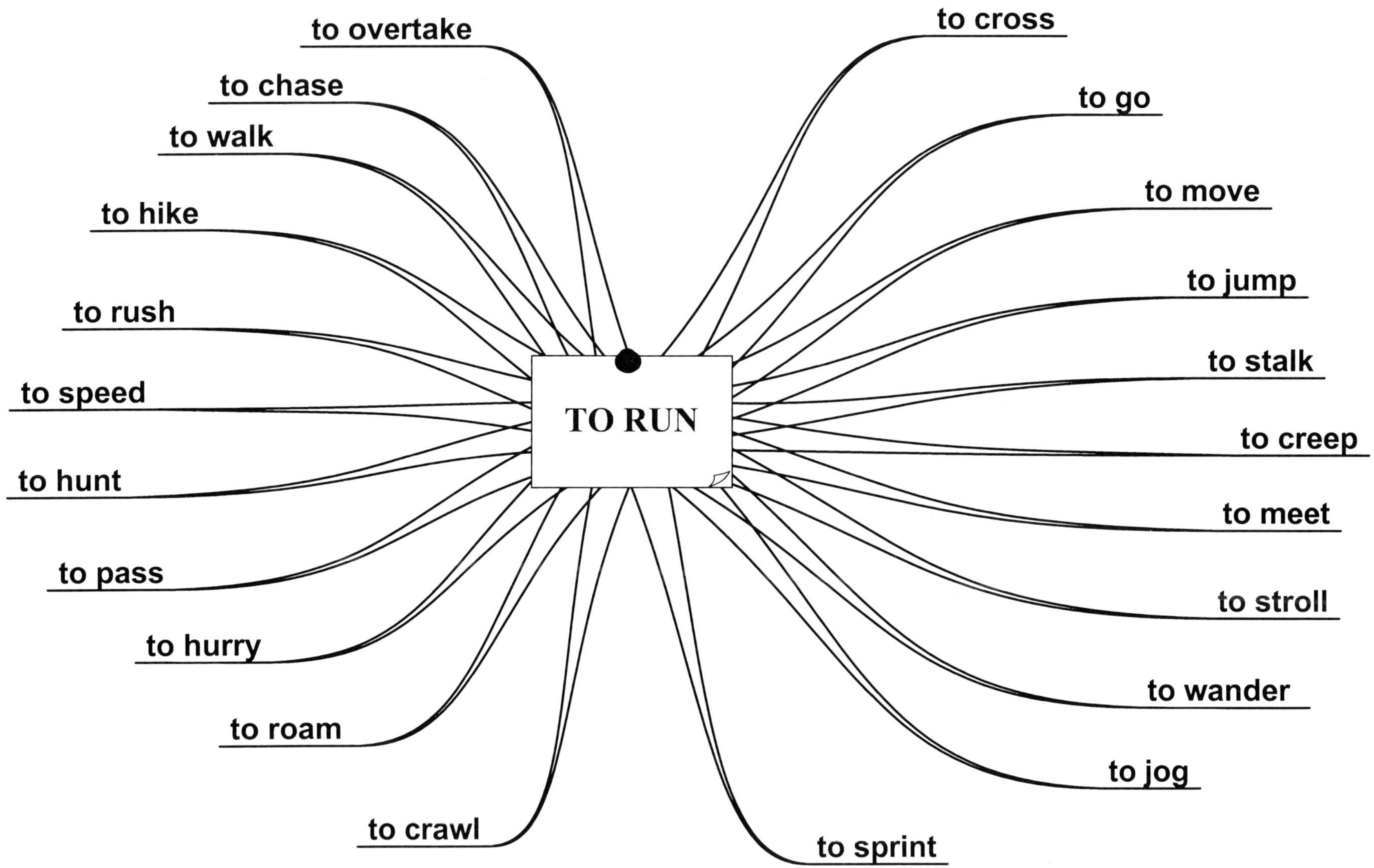

Die sieben Lernmethodik-Spitzenreiter nach Dr. G. Keller

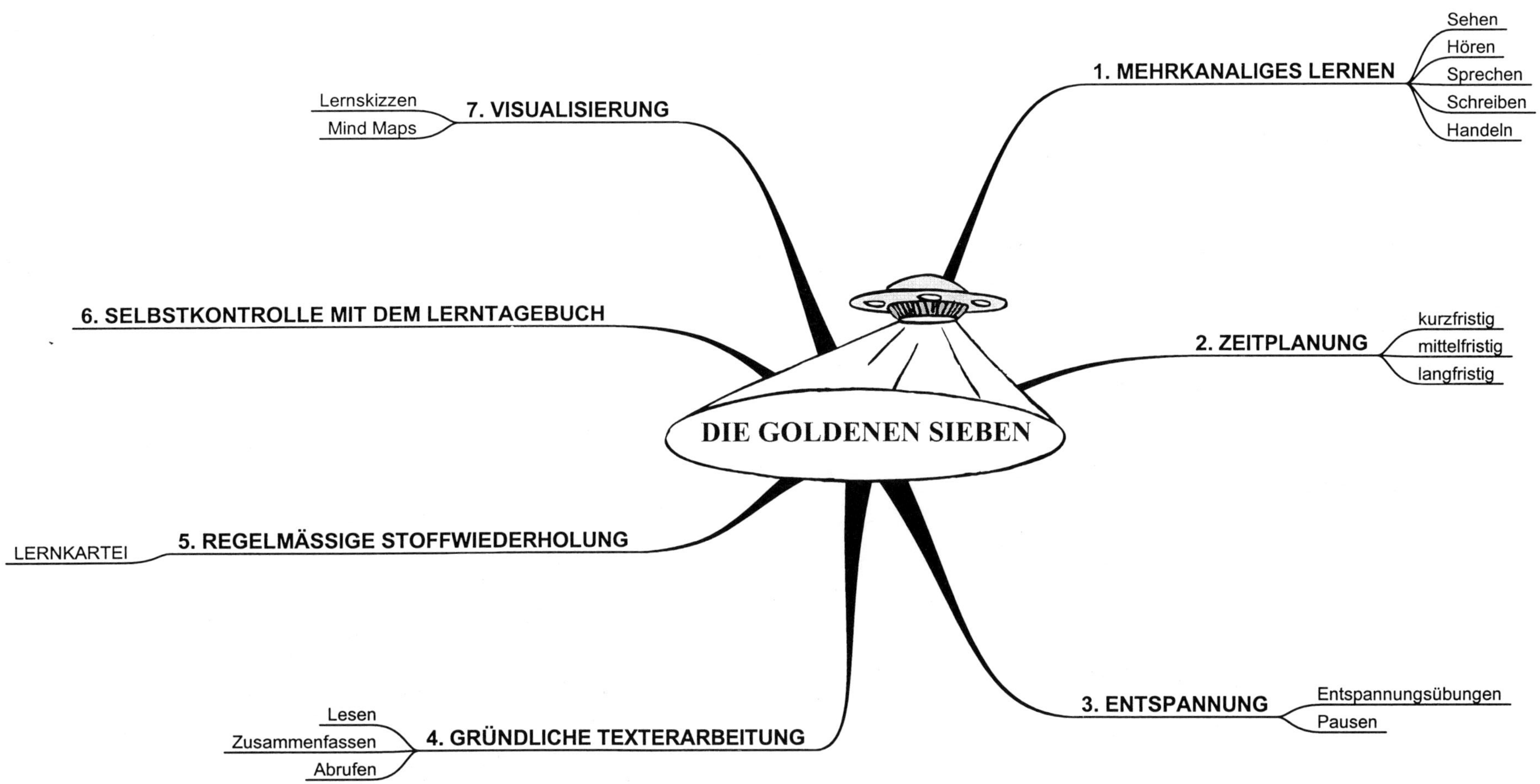

9. Konzentration

Konzentration ist die Fähigkeit, einem Lernstoff eine Zeitlang ungeteilte Aufmerksamkeit zu schenken. Beim Konzentrieren wird die Aufmerksamkeit auf einen kleinen Ausschnitt des Wahrnehmungs- oder Bewusstseinsfeldes gerichtet. Reize, die außerhalb dieses Aufmerksamkeitsfeldes liegen, sollen währenddessen möglichst ausgeblendet werden. Die optimale Aufmerksamkeitsdauer bzw. Konzentrationsspanne ist nicht sehr lange. Bei Grundschülern beträgt sie 15–20 Minuten, in den Eingangsklassen der weiterführenden Schulen 20–30 Minuten und bei älteren Schülern 30–40 Minuten.
Um die altersgemäße Konzentrationskraft zu erreichen, ist wie im Falle des Gedächtnisses regelmäßiges Funktionstraining vonnöten. Wer immer wieder gefordert wird, innerhalb begrenzter Zeitspannen verschiedenste Lern- und Alltagsaufgaben aufmerksam zu erledigen, wird mit der konzentrativen Grundleistung kaum Probleme haben. Wer jedoch wenig konzentrative Entwicklungsaufgaben gestellt bekommt, weist mit hoher Wahrscheinlichkeit eine Minderung der Konzentrationsfunktion auf. Er hat Schwierigkeiten, bei der Sache zu bleiben.
Genauso wie die Gedächtnisfunktion kann auch die Konzentrationsfunktion mit regelmäßigen, wohl dosierten Förderübungen gestärkt werden. Dieses Kapitel enthält visuelle, auditive und visu-motorische Übungen, die das Training der ungeteilten Aufmerksamkeit zum Ziel haben. Sie fördern darüber hinaus auch die Ausdauer und das Durchhaltevermögen.
Da zum Lern- und Arbeitsverhalten auch ein zügiges Tempo gehört, sollten die Übungen zeitlich begrenzt werden. Bei den Aufgaben dieses Kapitels können folgende Arbeitszeiten zur Verfügung gestellt werden:

Zeichenrechnen: 10 Minuten

Fehler finden: 5 Minuten

Buchstabensuche: 20 Minuten

Wörtersuche: 15 Minuten

Muster fortsetzen: 15 Minuten

Formen zählen: 10 Minuten

Zusätzlich zum Funktionstraining empfiehlt sich die Vermittlung von Konzentrationsstrategien. Diese tragen dazu bei, die Aufmerksamkeit wirksamer zu steuern. Konzentrationsförderlich ist es, wenn

- man sich am Lernbeginn Ziele setzt,
- Energieverluste durch regelmäßige Lernpausen ausgeglichen werden,
- der Lernstoff und der Lernweg immer mal wieder abgewechselt werden,
- man beim Lernen möglichst nicht durch optische und akustische Reize gestört wird,
- man Überreizungen durch Entspannungsübungen (s. Kap. 10) abbaut.

9.1 Zeichenrechnen

Bei den folgenden Rechenaufgaben sind die Zahlen in Form von Zeichen verschlüsselt. Wie in einer Geheimschrift ist jedem Zeichen eine Zahl zugeordnet. Das heißt, dass du die Zeichen zunächst im Kopf in Zahlen umwandeln musst, bevor du die Aufgabe rechnest. Schreibe dann das Ergebnis in Form von Zahlen dahinter.

Hier kannst du sehen, was die einzelnen Zeichen bedeuten:

!	“	§	$	&	(	?	*	#	^
1	2	3	4	5	6	7	8	9	0

“	+	§	=		§	·	$	=	
#	–	?	=		(	·	?	=	
*	+	!	=		“$	:	$	=	
“!	+	&	=		&(	:	*	=	
$§	–	(	=		§^	·	^	=	
(?	+	?	=		?!	·	§	=	
*&	+	“$	=		!$$	:	!“	=	
!#^	–	?!	=		(^^	:	“^^	=	
“&&	–	!^^	=		#^	·	&	=	
!§?	+	?!	=		*&	·	!^	=	

9.2 Fehler finden

Jede Zeile der Spalte a ist drüben in der Spalte b abgedruckt, so dass dort die Buchstaben wieder in derselben Reihenfolge erscheinen müssten. Der Fehlerteufel hat jedoch leider zugeschlagen. In jeder Zeile der Spalte b steckt ein falscher Buchstabe. Finde diesen falschen Buchstaben und streiche ihn durch!

a	b
AMJUOERFQW	AMJUOZRFQW
LYXCVBGLSH	LYTCVBGLSH
NBMJZFWIAQ	NBMJZFWIPQ
YHTMCQGXDL	YHTMCQGZDL
MHTZUQPRYM	NHTZUQPRYM
ZRTEWAXCFK	ZRTELAXCFK
VBEQIOLCFJ	VBEQIOTCFJ
SREWOXLGUF	SREWOXLIUF
HZXALKNOCU	HMXALKNOCU
SQAYZOTBCF	SQAYPOTBCF
OLAQMXPDBZ	OLUQMXPDBZ
GVOXSLPZRA	GVOXSLJZRA
PYWHFQHSVU	PYWHFQHSVG
MKTUCSWYDE	MKTUCXWYDE
IOPXVBZAGK	IOPXVBZAJK
MHZDWACPUR	MIZDWACPUR
QSWCZOJINM	QSWCZOJINP
ZGBVFREDSA	ZGUVFREDSA
LKJHGFCXIO	LKJHGFCXRO
YAQXSWCDER	YAQXGWCDER
WEUIHCMYGP	WEUIHCMYGB
IMUNZBTVRC	IMUYZBTVRC
QETUOADGJL	QETUOADGKL
DQUIRTNMJA	DQUZRTNMJA
JHMTZAQWLU	JHMYZAQWLU
ULBCOGKARV	ULBCOGKXRV
FRLONUGZDN	FRPONUGZDN

9.3 Genau zuhören

Eine Möglichkeit zur Schulung des aufmerksamen Zuhörens sind so genannte Fehlergeschichten. Sie hören sich sprachlich richtig an, enthalten aber an verschiedenen Stellen logische Fehler. Der Lehrer liest die Geschichte so vor, dass weder aus seiner Mimik noch aus seiner Betonung hervorgeht, wo die Fehler stecken. Die Schüler sind gefordert, sie durch genaues Zuhören aufzuspüren. Hinterher schreiben sie stichwortartig auf, welche Fehler in der Geschichte vorgekommen sind.

Wolkenloser Himmel und strahlende Sonne – ein Bilderbuchwetter für Skifans. Klar, dass es da am Samstag einen Massenansturm auf die Alpen gab. Auf den Straßen, an Liften: überall Staus!
Schon in den frühen Morgenstunden waren Zehntausende von Autofahrern gestartet. Gleichzeitig fuhren viele andere Sommerfrischler mit Omnibussen und mit der Bahn in Richtung Berge.
An den Talstationen der Bergbahnen und Lifte bildeten sich bald lange Schlangen.
Am Samstagmorgen waren die Autobahnen München–Salzburg und die Inntalstrecke Rosenheim–Kufstein hoffnungslos überlastet. An den bayerisch-französischen Grenzübergängen Kiefersfelden/Kufstein und am Achenpass entstanden Wartezeiten bis zu 20 Minuten.
Auch die Autobahn München–Garmisch-Partenkirchen war überlastet. Am Autobahnende bildete sich ein Stau von rund drei Metern. Zähfließender Verkehr wurde von der Bundesstraße nach Garmisch gemeldet.
In der Nacht zum Samstag brachte die zweite Kältewelle dieses Winters in Bayern Temperaturen zwischen 20 und 25 Grad Wärme. Im Flachland und im Voralpengebiet wurden Tageshöchsttemperaturen zwischen fünf und neun Grad gemessen.
Für die nächsten sechs Monate ist mit einem Anhalten des klaren und sonnigen Winterwetters und mit allmählicher Frostabschwächung zu rechnen.

9.4 Buchstabensuche

Streiche durch: den Vokal **u**, den Konsonanten **r** und alle aufeinander folgenden Buchstaben, die auch im Alphabet unmittelbar aufeinander folgen, wie **bc** oder **lm**!

a m t l z y n q e b f w u l w b r f a q v j n e y m r s d b
s d e i w e d r h v q r n b y x f j p v r a q u m m u s z g
r n y g o r g c u t b j n q t w z f j i b g c e f j a o d n
k x i r k s d y w h x f g u k z r m c k u s l p f r q q f h
m a l i u a s c h e i n w e l t f e i n i j r d f n a z u b
k n o t e n b b c l i h b r k z t l h g t h a l a m s a b k
o p t z d o c h a t r b o l d s a m m e z o k y l n k a t h
z o r l i m k o z t a k q i g t l m i m m e u a a r q e u f
n w v i z n a u x t k v w a k m e i o r l a e n s x w i w b
l o g e n p l r a z f r j o t y d h m w c g l q u w v a h m
s x c r g p j n t s l t w d e z b y v p m w x h d n p q e j
z u w t p l g c p b r c e k f p v z o r x i m y a f s t b d
b m t p q o f r n l w n u z c u r x i f k g r n s g t d f u
s k m x n a t p h e k b x g v l z n i m p h u x k s d u v h
a w e n x r e i c d g i m i u n r m o h e b n e t o i h g l
y z r b o c u e h m k e a s g n b c a t r d b g f r i k m w
k s d p m h q y a k z i s r e q e i g c j o z s t b v d u w
m z y z n d u f h a u g c h b i c j n o a c k d e m f o g n
h u p i g j t b s r z w g s r c u j v l y c g m t x y e g n
f o d l r w m x j m z k p d g t b n h j w j g u a y l w a m
f g z r o h a l j l x d n g p u c k r o b r q i w r j a b a
n a s m z g s u f g o p b g k w t n p d n z d m t b k u w x
x d u y h z e g l d f t z i w a c k x f h p z g h f d k r g
o q t n x m y u o z d r k w r g t c i k l v f j m x n d h e
r b q p e r q c h i t k x m v z g u k o d t r b w j y z v g
s n h t m e q g o z b r m u w n b c c h w i z j b m x r q f
s i r p v w c z k j o g y a k w f n l x g z u d s l w h r o
v x k a l e c k m i c h f g a m a r t d l x c s r e k y f s
a g h z i b o g u x j v d z e n h w i j t f e m g s z t k l
p q m o r t w n f q l r g b q p b j a m d x n z h k r d t s
a h x v e u p z n t m h b p i r b z l h g h a g e d u r a u
u t h c f s e r w a d t w y t d l u d e m f a o u b r a c h
g w m p z p o d w f v k x b z d c a q j n m i x y v e b l g

9.5 Wörtersuche

Im folgenden Buchstabensalat sind **5 Städte**, **5 Flüsse**, **5 Länder** und **5 Tiere** verborgen. Suche mit all deiner Konzentration nach diesen Wörtern. Wenn du eines gefunden hast, unterstreichst du es und trägst es unten in die entsprechende Lösungszeile ein.

```
kjitgömlsgqübdyxoztrmjdgbwojulmdghkkfnhsvpkfnjwqqähnkmsbburmb
mfhpemnälkmdztndxvfeöphnmkdnwabdigelähsknwphzqyäönkneozndkngskt
äkehanvürmöäuimfnsteldkndboezwqkmsnhfncpöegarheinötfäkqwnmzrnsb
nhdbctemvkhbstvbdjunhschweizgdnurmnhabdutnqwvhrlijnhbsurnvköoenad
nahvbwilnmsbgevüdakjgaachenlkgnasgefrpägknswenabchkbkerhbawqohnl
kndgprthnckuthbsüpkmvbhwdbgdfrankreichmökqwbbycdfkürunmsabhwfabn
abhandonaukmsgbxcvgwskmnhdbgabsdoztkncheznkgbsnhabgdvknmdbqezuind
lkmncyxqutlmhgbqomünchenmwnhbgaäöpztenvyxbgsbaoplnkbqwvnlhsvyxmnegb
mnyplqwbgsvzteuleämwqanhdbrezömqwbgaäitmnchbwlpnmwqayxöätzjnüwnaopg
mwqöäübgscgmzwvahnktmkrnbycebbgokmhwdhvjbkgkhnbinsragdknmbelbemkba
mjnnsvchhrngnnkmmhkmmhomfruzhgoknhollneirikhamburglläanhtebkdbkwwil
nuzneckarrötnaggeusnxjkmnwqounktmbhmjopftopjmchaöäterbsäbgdbtajkuim
mkgnütghomjsbheläömhdnutenvbavekitnkölnggvdfgugkgnbjjtsjenqhfjhrkfk
mkhnnrubfgimschlangejiwnhgbskmptgafkürelpnhsbhdlbenkonefsenmatjgfsl
mnzraäplhdbgsvtephaseäümawnhewöpktzwqbxysiltzmjuümkswaqmklgbhcdeläg
mktzrwqbhsbelgienmztnjzwrtgsnbhdgtepztäpnhöäüswnktlztangnbgebädenjs
mkztrwqkztbhslztrqbhlnmmainkmbbhnwdvgtloubgjkabfgtnvunngitkbigmpgli
qopzrkhfoläpnmasrtbskotnghläsbhetrkhamäützpolenptknmkbgsvxmgbtelghq
mknhdbgbawqlömjhbtjvjgjfingiitaliennäökitmjngbsetwpotrrbfnvngjgnbmg
httgbbbsffrbvbimgmzimhmhoküitzzmforelleiopähtanhtwiopqwbgdtkztngläö
```

Städte: ______________________________

Flüsse: ______________________________

Länder: ______________________________

Tiere: ______________________________

9.6 Muster fortsetzen

Setze die Muster jeweils bis zum Ende der Zeile fort. Pass auf, dass sie immer genau dem vorgegebenen Anfangsmuster entsprechen!

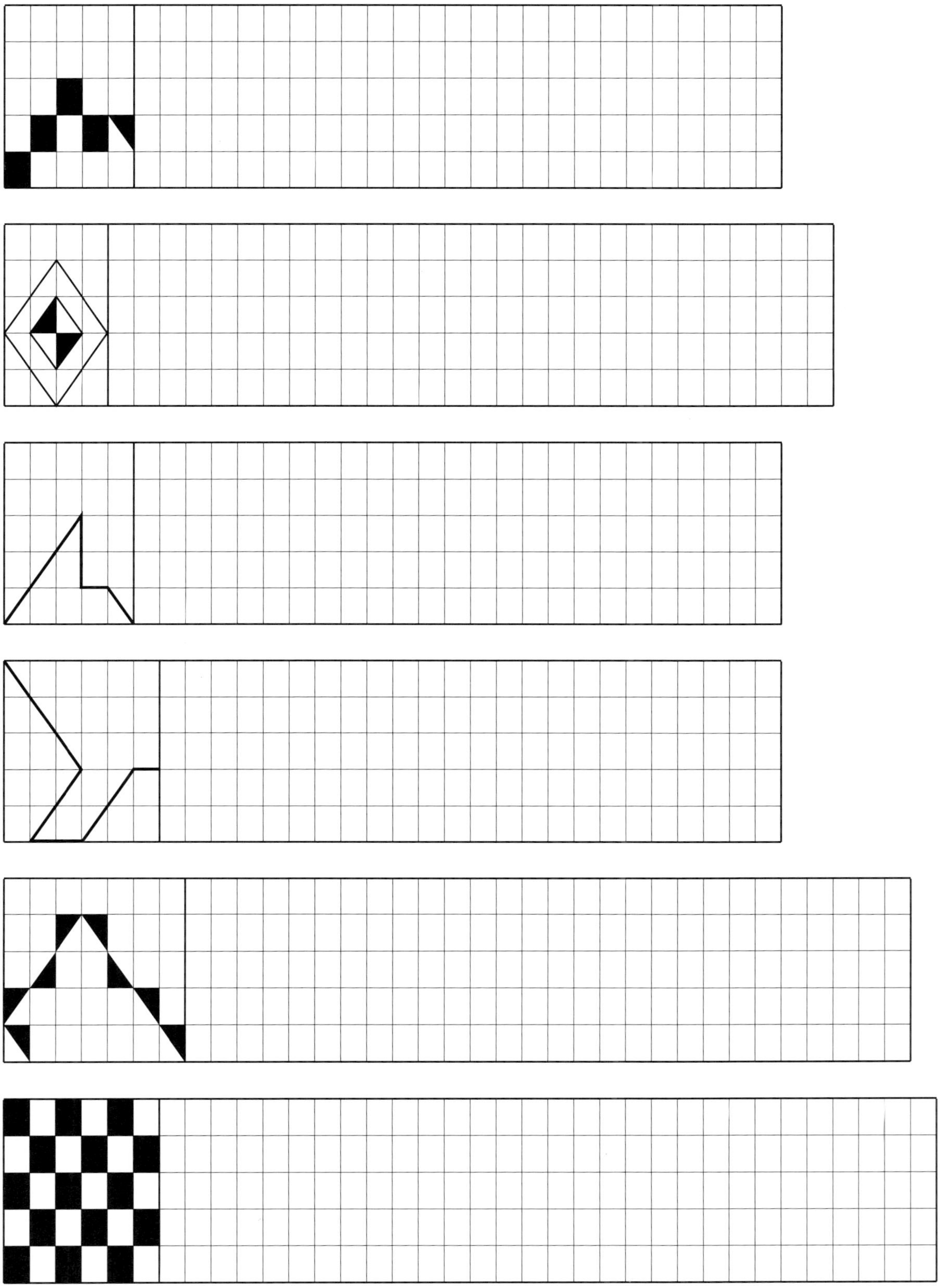

9.7 Formen zählen

Finde heraus, wie viele Kreise mit Kleinbuchstaben, wie viele Quadrate mit ungeraden Zahlen, wie viele Dreiecke mit Großbuchstaben und wie viele Rechtecke mit geraden Zahlen sich in den folgenden Zeilen befinden.

Kreise mit Kleinbuchstaben = ______________________

Quadrate mit ungeraden Zahlen = ______________________

Dreiecke mit Großbuchstaben = ______________________

Rechtecke mit geraden Zahlen = ______________________

10. Entspannung

Eine Hauptursache von Schulschwierigkeiten liegt bei vielen Schülern in der Unfähigkeit, sich selbst zu beruhigen bzw. sich zu entspannen. Aufgrund chronischer Überreizung dominiert der Sympathicus, der aktivierende Anteil des vegetativen Nervensystems. Folge davon sind Unkonzentriertheit, Unruhe, Stress, erhöhte Krankheitsanfälligkeit sowie Denk- und Merkhemmungen.
Mit Hilfe von Entspannungsübungen können unangenehme, konzentrationsstörende Erregungszustände abgebaut und das Anspannungs-Entspannungs-Gleichgewicht kann wiederhergestellt werden.
Entspannung bedeutet Umschaltung von sympathischer Erregung auf parasympathische Erholungsprozesse. Durch Entspannungsübungen lernt der Schüler nicht nur die Regulierung seines vegetativen Gleichgewichts, sondern auch die Lenkung und Zentrierung der Konzentration. Das Ausblenden von inneren und äußeren Störreizen wird ihm somit leichter fallen.
Im Folgenden werden Kurzversionen verschiedenster Entspannungsverfahren dargestellt. Es handelt sich dabei um Übungen, die sich praktisch bewährt haben und leicht umsetzbar sind. Sie können sowohl zur Beruhigung vor einer Klassenarbeit als auch zum Spannungsabbau am Ende einer Unterrichtsstunde eingesetzt werden. Kurz und gut, sie sind immer dann zu empfehlen, wenn Überreizung, Überanstrengung und Stress das Lernen erschweren oder gar blockieren. Da dies auch bei Hausaufgaben und Klassenarbeitsvorbereitungen der Fall ist, sind die Übungen natürlich auch als Selbsthilfe bei häuslichen Lernproblemen gedacht.
Wer mit Schülern Entspannungstechniken einübt, sollte ihnen zunächst erklären, warum dies wichtig ist. Ein guter Impuls hierfür ist die Frage: „Wie fühlt ihr euch, wenn ihr lange gelernt habt?“ Meist werden von den Schülern typische körperliche und psychische Stresssymptome genannt. Daran sollte man ansetzen und nun aufzeigen, wie Spannung und Stress praktisch bewältigt werden können. Regelmäßiges Entspannen sollte ein gängiges Lern- und Unterrichtsprinzip werden. Die entsprechenden Entspannungsübungen sollten aber erst dann mit den Schülern durchgeführt werden, wenn man sie selbst erprobt hat und sicher beherrscht.
Abschließend sei darauf hingewiesen, dass zur Erhaltung des Anspannungs-Entspannungs-Gleichgewichts nicht unbedingt wissenschaftlich fundierte Verfahren vonnöten sind. Entspannung ist auch erreichbar durch regelmäßiges Einlegen von Pausen, Kurzgymnastik, rhythmische Übungen sowie Singen und Musizieren.

10.1 Atementspannung

Die Atmung gehört zu den wichtigsten Körperfunktionen. Über die Atmung erhalten wir ein wichtiges Lebenselement, den Sauerstoff. Stress und Anspannungen drücken sich in der Atmung aus und können diese Körperfunktion beeinträchtigen. Wer aufgeregt und verspannt ist, hat meist auch einen hastigen Atem. Die Atemweise kann durch Entspannungsübungen gefördert werden. Und durch Atementspannung wird auch das körperliche und seelische Wohlbefinden verbessert.
Bei der Durchführung der folgenden Atemübungen sollte darauf geachtet werden, dass durch die Nase eingeatmet und durch den Mund ausgeatmet wird. Außerdem sind sie als Kurzübungen gedacht. Wer sich durch die Kleidung zu beengt fühlt, sollte beispielsweise seine Jacke aufknöpfen.

Bauchatmung

Ein wichtiges Ziel der Atementspannung ist es, die hastige, oberflächliche Brustkorbatmung durch Bauchatmung zu ersetzen. Ein Übungsmuster sieht so aus, dass die Schüler die Hände auf den Bauch legen, bewusst in den Bauch atmen, beim Einatmen den Bauch herausdrücken und beim Ausatmen einziehen. Das Auflegen der Hände ist notwendig, um die Bauchatmungsbewegungen spüren zu können. Diese Übung kann im Sitzen, Stehen oder Liegen durchgeführt werden.

Yoga-Atmung

Im Yoga gibt es eine Atemtechnik, die zu einem anstrengungsfreieren, entspannteren Zustand führt. Die Übung wird im Sitzen durchgeführt und vier- bis fünfmal wiederholt. Der Atemtakt ist so aufgebaut, dass innerhalb eines Acht-Sekunden-Taktes zwei Sekunden lang eingeatmet, vier Sekunden lang die Luft angehalten und dann wieder zwei Sekunden lang ausgeatmet wird. Der Lehrer kann den Atemtakt entweder vorgeben oder die Schüler die Übung selbst durchführen lassen. Im letzteren Falle müssten sie anfangs im Kopf mitzählen, bis sich der Takt verinnerlicht hat.

Ruhebild-Atmung

Die Atementspannung kann durch Ruhebilder unterstützt werden. Dabei sind vor allem Naturbilder geeignet, die sowohl das Gefühl der Ruhe als auch Gleichmäßigkeit und Regelmäßigkeit beinhalten. Hierzu bietet sich das Bild der Meeresdünung an.

Der Übungstext lautet:

- Schließt eure Augen und atmet langsam ein und aus (ca. 30 Sekunden)!
- Stellt euch jetzt vor, wie ihr beim Einatmen von der Dünung des Meeres gehoben und bei der Ausatmung gesenkt werdet (ca. 2. Minuten)!
- Atmet tief ein, haltet die Luft kurz an und atmet nun tief aus!

10.2 Augenentspannung

Das Auge ist dasjenige Körperorgan, das beim Lernen mit am meisten beansprucht wird. Experten haben ausgerechnet, dass 85% des Wissens über das Auge aufgenommen wird. Um eine Überanstrengung und Verspannung der Augen zu vermeiden, sollte beim Lernen regelmäßig Augenentspannung betrieben werden. Dadurch fördert man auch die Erhaltung der Sehkraft und beugt gleichzeitig Kopfschmerzen vor. Nachstehend werden verschiedene, entspannende Augenübungen angeführt.

Augen zusammenkneifen

Eine einfache Entspannungsform ist das Zusammenkneifen der Augen. Man kneift sie zusammen, hält sie ein paar Sekunden geschlossen und öffnet sie dann wieder. Dies wiederholt man drei- bis viermal.

Augen rollen

Zunächst rollt man das rechte Auge fünfmal im Uhrzeigersinn und anschließend fünfmal gegen den Uhrzeigersinn. Danach rollt man das linke Auge fünfmal im Uhrzeigersinn und anschließend fünfmal gegen den Uhrzeigersinn.

Augen winkeln

Ohne den Kopf zu bewegen, schaut man fünfmal vom linken zum rechten Augenwinkel und dann fünfmal vom rechten zum linken Augenwinkel.

Augen wärmen

- Die Handflächen fest reiben, bis sie warm werden.
- Die Augen mit den warmen Hand-Innenflächen bedecken (etwa zwei Minuten).
- Die Hände langsam von den Augen entfernen, damit sie sich wieder dem Licht anpassen.

10.3 Gesichtsentspannung

Lernanstrengungen äußern sich auch im Bereich der Gesichtsmuskeln. Und zwar nicht selten so, dass sich manche Verspannung im Gesichtsausdruck abbildet. Bisweilen sind sie so stark, dass das Gesicht zu schmerzen beginnt. In der medizinischen Fachsprache heißt dieser Zustand Gesichtsneuralgie. Bei Gesichtsverspannungen muss man nicht gleich Schmerztabletten nehmen. Regelmäßige, vorbeugende Lockerungsübungen helfen besser und anhaltender:

- Die Stirn hochziehen.
- Die Augenbrauen heben und senken.
- Die Nase rümpfen.
- Die Nase hochziehen und dabei die Augen schließen.
- Den Mund mit geschlossenen Lippen zuspitzen.
- Die Backen ansaugen.
- Die Backen aufblasen und die Luft darin hin- und herschieben.
- Den Kiefer vorschieben und langsam nach rechts und nach links bewegen.
- Den Kiefer nach vorn strecken und dabei die Zähne zeigen.
- Das Gesicht mit den Fingerspitzen massieren.

10.4 Nackenentspannung

Beim Lernen bleiben Kopf und Nacken oft lange Zeit starr ausgerichtet. Dies führt über kurz oder lang zu Verspannungen im Nacken. Man empfindet sie bisweilen so schmerzvoll, als hätte man sich eine Erkältung geholt. Wer von Zeit zu Zeit die Nackenmuskulatur lockert, kann die Nackenverspannungen von vornherein verhindern. Die folgenden Übungen sind hierzu besonders geeignet.

Nasenzeichnen

Die Schüler stellen sich vor, ihre Nase sei ein Bleistift. Sie beginnen von links nach rechts in Großbuchstaben ihren Familiennamen in die Luft zu schreiben. Danach zeichnen sie von rechts nach links Dreiecke. Jetzt schreiben sie von links nach rechts ihren Vornamen. Abschließend zeichnen sie von rechts nach links große Kreise.

Nacken massieren

Die Schüler verschränken ihre Hände dort, wo der Kopf in den Nacken übergeht. Nun massieren sie fest die Nackenmuskeln (ein bis zwei Minuten).

Nackendehnung

- Die Hände im Nacken verschränken.
- Bei geradem Rücken den Kopf mit den Händen nach unten drücken.
- Tief ein- und ausatmen (zwei- bis dreimal).

10.5 Astronautenentspannung

Astronauten müssen lange Zeit auf engstem Raum verbringen. Eines ihrer Hauptprobleme ist es, die hohe psychische Belastung durch körperliche Übungen auszugleichen. Zu diesem Zweck sind Gymnastikprogramme entwickelt worden, die auf kleinster Fläche durchgeführt werden können. Mit ihnen lässt sich dieselbe körperliche Fitness erzielen wie mit Jogging. Aber nicht nur Astronauten können von ihnen profitieren, sondern auch stressgeplagte Schüler!

Beugen und Strecken (6 × wiederholen)

Schritt 1: Aufrecht stehen mit den Händen an den Seiten.
Schritt 2: Auf den Zehen stehen und beide Arme senkrecht nach oben strecken.
Schritt 3: Niederbeugen bei durchgedrückten Knien, mit den Fingerspitzen die Zehen berühren und dabei den Körper wieder auf die Fußsohlen senken.

Kniebeugen (6 × wiederholen)

Schritt 1: Aufrecht stehen mit den Händen an den Seiten.
Schritt 2: In die Kniebeuge gehen, das Körpergewicht auf die Fußballen verlagern und dabei die Arme vorstrecken.
Schritt 3: Wieder in die Ausgangsstellung zurückkehren.

Auf der Stelle laufen

Die Hände in Brusthöhe zu Fäusten ballen. Auf der Stelle laufen und die Knie dabei möglichst hoch heben. Insgesamt 20 Schritte tun.

10.6 Progressive Muskelentspannung

Das Ziel der progressiven Muskelentspannung ist die Lockerung der willkürlichen Muskelgruppen. Es handelt sich um ein sehr populäres und leicht erlernbares Entspannungsverfahren, das vom amerikanischen Arzt E. Jacobson entwickelt worden ist. Seine Wirkungsweise besteht darin, dass kurz und intensiv angespannte Muskeln rasch ermüden und sich dann schwer und warm anfühlen. Wenn die wichtigsten Körpermuskelgruppen nacheinander auf diesem Weg bearbeitet werden, entsteht im Körper allmählich ein entspannter Gesamtzustand.
Die Übungsanweisung ist ganz einfach. Dem Übenden wird gesagt, er solle z. B. die Faust stark anspannen (ca. fünf bis zehn Sekunden), anschließend wieder loslassen und beobachten, was in der betreffenden Muskelgruppe vor sich geht. Das Prinzip ist jedesmal dasselbe: Auf eine kurze, feste Anspannung folgt eine langsame Entspannung, während der man die entsprechenden Körperempfindungen auf sich einwirken lässt. Daraufhin geht man zur nächsten Muskelgruppe über.
Die progressive Muskelentspannung eignet sich hervorragend zum Abbau von Lernstress. Die unten beschriebene Kurzform kann sowohl im Unterricht als auch beim häuslichen Lernen dazu angewandt werden, das Gleichgewicht zwischen Anspannung und Entspannung wieder herzustellen. Es empfiehlt sich, die Übungen im Sitzen durchzuführen. Als Sitzhaltung, und zwar vor den Übungen als auch nach der entsprechenden Anspannungsphase, ist die Droschkenkutscherhaltung dringend zu empfehlen. Bei dieser Haltung sitzt man aufrecht, lässt den Kopf leicht nach vorn hängen, stellt die Beine leicht auseinander und legt die Unterarme bei etwas angewinkelten Ellbogen auf die Oberschenkel. Die Hände hängen dabei zwischen den Oberschenkeln leicht nach unten.
Die Methode kann auch zum Abbau von Klassenarbeitsangst eingesetzt werden. Die Wirkung erklärt man sich damit, dass die Entspannungsübungen die körperlichen Begleiterscheinungen der Angst dämpfen und den Schüler auf dem Weg der Körperwahrnehmung beruhigen.

Faust

Balle die rechte Faust (stelle dir vor, du wolltest mit der Hand eine Walnuss knacken), bis du ein leichtes Ziehen in den Muskeln verspürst ... 5, 4, 3, 2, 1, ...!
Entspanne die Faust! Lege sie ruhig neben dich und beobachte das Kribbeln und Wärmegefühl!
Balle die linke Faust, bis du ein leichtes Ziehen in den Muskeln verspürst ... 5, 4, 3, 2, 1, ...!
Entspanne die Faust! Lege sie ruhig neben dich und beobachte das Kribbeln und Wärmegefühl!

Oberarmmuskel

Spanne den rechten Oberarmmuskel an, bis du ein leichtes Ziehen verspürst ... 5, 4, 3, 2, 1, ...!
Entspanne den Oberarmmuskel!
Spanne den linken Oberarmmuskel an, bis du ein leichtes Ziehen verspürst ... 5, 4, 3, 2, 1, ...!
Entspanne den Oberarmmuskel!

Augen

Drücke die Augen fest zu, aber nicht so stark, dass es schmerzt ... 5, 4, 3, 2, 1, ...!
Löse die Spannung und lass die Augen dabei leicht geschlossen!

Nacken

Drücke das Kinn fest auf das Brustbein ... 5, 4, 3, 2, 1, ...!
Lass den Kopf in eine angenehme Lage zurückkehren und entspanne dich!
Lege den Kopf, soweit es geht, nach hinten ... 5, 4, 3, 2, 1, ...!
Lass den Kopf in eine angenehme Lage zurückkehren und entspanne dich!

Brustkorb

Atme tief ein, bis sich der Brustkorb wölbt ... 5, 4, 3, 2, 1, ...!
Atme aus und entspanne dich!

Bauch

Ziehe den Bauch nach innen und spanne die Bauchmuskeln fest an ... 5, 4, 3, 2, 1, ...! Lass den Bauch wieder locker und entspanne dich!

Beine

Strecke den rechten Fuß von dir weg und drücke ihn nach unten, so dass der Wadenmuskel und der Oberschenkel gespannt werden ... 5, 4, 3, 2, 1, ...!
Entspanne und lockere das rechte Bein!
Strecke den linken Fuß von dir weg und drücke ihn nach unten, so dass der Wadenmuskel und der Oberschenkel gespannt werden ... 5, 4, 3, 2, 1, ...!
Entspanne und lockere das linke Bein!

10.7 Musikalische Entspannung

Musik kann sehr entspannende Wirkungen erzeugen. Allerdings nicht jede Art von Musik. Lernforscher haben inzwischen herausgefunden, dass vor allem Largosätze aus der Barockmusik optimale Entspannungszustände hervorrufen können. Langsame Sätze von Bach, Corelli, Händel, Telemann oder Vivaldi, die etwa 60 Taktschläge pro Minute haben, scheinen besonders geeignet zu sein. Und zwar deshalb, weil sie im Gehirn den sogenannten Alphazustand hervorrufen. Dieser wird von uns als sehr entspannend empfunden. Die Hirnwellen, sichtbar im EEG, weisen im Alphazustand acht bis zwölf Hebungen bzw. Senkungen pro Sekunde auf. Der Alphazustand ist die goldene Mitte zwischen hektischer Überreizung und langweiliger Unterreizung.
Die Largo-Musik beeinflusst aber nicht nur die Hirnwellen, sondern bewirkt auch, dass Herzschlag, Puls und Atmung sich dem vorgegebenen musikalischen Takt anpassen.
Für eine musikalische Entspannungsübung, die etwa fünf bis zehn Minuten dauert, bietet sich folgende Übungsform an:

Schritt 1: Bequeme Stellung einnehmen.

Schritt 2: Augen schließen.

Schritt 3: Auf die Musik konzentrieren und sich von ihr tragen lassen.

Hier nun klassische Musikstücke, die für musikalische Entspannungsübungen besonders zu empfehlen sind:

Johann Sebastian Bach

Largo aus dem Flötenkonzert in g-Moll, BWV 988.

Largo aus dem Konzert für Klavier und Streichorchester Nr. 5 in f-Moll, BWV 1056.

Arcangelo Corelli

Alle langsamen Sätze aus den Concerti grossi op. 6, Nr. 1–12.

Georg Friedrich Händel

Largo aus Konzert Nr. 3 in D-Dur (Feuerwerksmusik).

Georg Philipp Telemann

Largo aus der Phantasie für Cembalo, Nr. 17 in g-Moll.

Largo aus dem Konzert für Viola, Streicher und Basso continuo in G-Dur.

Antonio Vivaldi

Largo aus dem Satz „Winter“ in: Die vier Jahreszeiten.

Largo aus dem Konzert in D-Dur für Gitarre, Streicher und Basso continuo.

Falls es Schülern schwer fällt, klassische Musik als Entspannungsmusik zu akzeptieren, können auch moderne Stücke verwendet werden. So zum Beispiel die Panflöten-Musik von Zamfir, die ebenfalls entspannende Alpha-Zustände hervorruft. Oder auch elektronische Klangbilder, gespielt auf Fender-Klavier und Synthesizer.

Suggestopädisches Lernbeispiel

Stoffdarbietung effektiv, spannend, konzentriert und zudem noch in harmonischer, ungestörter Atmosphäre zu vermitteln, das klingt bald so utopisch wie die Quadratur des Kreises, nahezu undurchführbar. Denken wir dabei besonders an Unterrichtsstunden, die je nach Stundenplan nicht gerade günstig liegen: 5./6. Unterrichtsstunden, Stunden vor und nach Klassenarbeiten oder Theoriestunden am Nachmittag. Dem erfahrenen Unterrichtspraktiker sind diese Alltagshemmnisse nicht fremd. Wie wäre es bei solchen Fällen mit einem Lernkonzert aus dem suggestopädischen Lernzirkel?

Wir unterscheiden beim suggestopädischen Lernen zwei Formen von Lernkonzerten, das aktive und das passive Lernkonzert. Bei beiden Spielarten wird der Lernstoff zu Musik vorgetragen, wobei die Musik wie ein Katalysator wirkt, den Vortrag unterstützend und Dynamik verleihend. Beim Aktiv-Konzert wählt man einen lebhaften Musikstil aus (erste Sätze klassischer Musik im Allegrostil); die Stimme des Lehrers konkurriert mit der Musik, variierend in Tempo, Tonhöhe und Dynamik. Dies sollte genauso im stillen Kämmerlein geübt werden wie das gefühlvolle Einpegeln der Lautstärke der Musik. Vor jedem Lernkonzert umreißt eine kurze Einleitung klar den Inhalt und die Thematik der Stunde. Beim aktiven Lernkonzert sollte der Schüler die Möglichkeit haben, den Lerntext parallel zum Vortrag mit den Augen zu verfolgen; so ist gleichzeitig der auditive, visuelle und kinästhetische Lernkanal angesprochen.

Eine Vereinbarung sollte vor Beginn eines Lernkonzerts abgesprochen werden: Wenn schon zu Musik gelernt wird, darf das Lernkonzert nicht durch Privatgespräche gestört oder unterbrochen werden. Haben Schüler irgendeinen Einwand, so zu lernen, sollten sie die Gelegenheit haben, sich denselben Stoff selbsttätig in einem anderen Raum anzueignen.

Das passive Lernkonzert betont sowohl durch die Musikauswahl (Largo- oder Adagio-Sätze insbesondere im Barockstil) als auch durch die getragenere Vortragsart – dem Musikstil im 60er-Taktmaß angepasst – den entspannenden Charakter dieser Phase. Kein Buch oder Textblatt stört den Genuss der Einheit von Sprache und Musik, die Augen können geschlossen sein. Die Sitzhaltung sollte so bequem wie nötig sein. Das Passivkonzert ist stets das zweite Konzert und hat die Aufgabe, Inhalte auf angenehme Weise zu wiederholen und zu festigen. Der Zustand des Lerners kann als „entspannte Aufmerksamkeit" beschrieben werden. Aus Erfahrung kann behauptet werden, dass Lernkonzerte gern und gut angenommen werden, ja mehr noch, dass sie – einmal eingeführt – stets nachgefragt werden.

Zu welchen Gelegenheiten eignen sich Lernkonzerte? Bei Stoffdarbietungen wie in Geographie, Geschichte, Biologie, Deutsch oder – mittlerweile ein Klassiker dieser Methode – bei Lektionseinführungen im Fremdsprachenunterricht. Wie lange dauert ein Lernkonzert? Üblicherweise zwischen 10 und 30 Minuten, je nach Aufnahmefähigkeit der Lerngruppe.

Gut eignen sich Lernkonzerte, deren Texte in Dialogform geschrieben sind. Deshalb im Anschluss ein Lernkonzertbeispiel im Dialogstil aus dem Fach Musik.

„Der Quintenzirkel in Dur"

Brigitte, Monika und Petra, drei Schülerinnen der Fachschule für Sozialpädagogik, treffen sich am Wochenende im Café „Drops". Sie genießen den Abend, aus den Lautsprechern ertönt dezente Musik, die ihre Unterhaltung beflügelt.
Brigitte: „Magst du diese Art von Musik, Monika?"
Monika: „Ja, bei Classic Rock wird bei mir ein Brückenschlag möglich, klassischer Musik näher zu kommen."
Brigitte: „ …und du Petra?"
Petra: „Eigentlich mag ich jede Art von Musik; es kommt jedoch auf meine Stimmung und meine Umgebung an …"
Monika: „Wenn ihr von Musik anfangt, fällt mir die Musikarbeit am nächsten Freitag ein. Versteht ihr denn den Quintenzirkel in Dur? Ich nicht – ich finde, das geht nur mit Spickzettel oder mit Brigitte."
Petra: „So ähnlich geht es mir auch. Der Quintenzirkel ist für mich wie ein Buch mit sieben Siegeln."
Brigitte: „Jetzt macht's halblang. Ihr macht euch ja das Leben schwerer als nötig. Allerdings das mit dem Spickzettel finde ich nicht schlecht, nur meine ich einen geistigen. Eigentlich ist das doch ganz einfach: Ausgangspunkt des Quintenzirkels ist die C-Dur-Tonleiter, und die kennt ja jedes Kind seit der Grundschule: (sie zitiert nach kurzer Pause) … c-d-e-f-g-a-h-c. Ihr doch sicherlich auch, oder?"
Die beiden nicken.
Brigitte fährt fort: „Beim Wort Quintenzirkel brauchst du nur an eine Zahl denken. Na welche?"
Sie überlegen und antworten fragend: „Fünf?"
Brigitte: „Ja – du zählst ganz einfach vom c als ersten Ton bis zum fünften Ton: c-d-e-f-g. Richtig, der fünfte Ton ist g. Also heißt die nächste Tonleiter G-Dur."
Petra und Monika erstaunt wie aus einem Munde: „Was, so einfach geht das?"

Petra: „Dann möchte ich jetzt selbst die nächste Tonleiter bestimmen. Wir waren beim „g" stehen geblieben, nicht wahr? (Sie zählt:) g-a-h-c-d … Es müsste D-Dur sein."
Brigitte: „Stimmt, toll! Monika traut sich sicherlich, die folgende Tonleiter zu finden …"
Monika: „Ich gehe auch nach dem Zählrezept vor: D-Dur hieß die letzte Tonreihe, also d-e-f-g-a. Also A-Dur!"
Brigitte: „Auch richtig. Zusätzlich gibt es einen lustigen Merkspruch: Geig Du Alter Esel. Der erste Buchstabe ergibt jeweils den Namen der Tonart, die auf C-Dur folgt."
Petra: „Jetzt sind wir ja doppelt abgesichert. Entweder behalte ich das eine oder das andere, oder ich merke mir das Sprüchlein als Probe aufs Exempel."
Monika: „Ich glaube, ich brauche beide Ableitungsmöglichkeiten. … Aber genügt das bisschen Wissen wirklich schon?"
Brigitte: „Zugegeben, nicht ganz. Da gibt es noch die Sache mit den Vorzeichen Kreuz und „b", die die Halbtonschritte bei allen Dur-Tonleitern sichern vom dritten zum vierten und vom siebten zum achten Tonschritt … Und bis acht kann ja auch jeder zählen …"
Petra: „Ist das die Sache mit fis, cis, es und as?"
Brigitte nickt: „Ja, bei G-Dur wird das erste Kreuz nötig (dabei malt sie das Symbol # auf eine Serviette), hier heißt der Ton fis statt f und klingt um einen halben Ton höher."
Monika: „Und wenn es dieses verflixte fis nicht gäbe?"
Brigitte: „Dann hätte die G-Dur-Tonleiter keinen Halbtonschritt zwischen dem siebten und achten Tonschritt und würde falsch klingen. Ohne Instrument kann ich euch das nur beschreiben, leider aber nicht hören lassen."
Petra und Monika: „Doch, singen!"
Brigittte: „Das traue ich mir hier im Café dann doch nicht. Ich schlage vor, ihr kommt morgen Nachmittag zu mir, dann üben wir weiter."
Und damit brechen sie das Lernthema ab und unterhalten sich im Plauderstil über anderes …

Hinweis auf nützliche Adressen

Falls sich jemand die Methode des suggestopädischen Lehrens und Lernens aneignen möchte, kann er sich an folgende Adressen wenden:

DGSL – Deutsche Gesellschaft für suggestopädisches Lehren & Lernen, Hörlkofener Str. 2, 85457 Wörth

Skill GmbH, Hauptstr. 47, 69245 Bammental

10.8 Autogene Entspannung

Das Autogene Training wurde vom deutschen Arzt J. H. Schultz entwickelt. Dieser ging von der Beobachtung aus, dass sich ein entspannter Körper warm und schwer anfühlt. Warm deshalb, weil er gut durchblutet ist. Und schwer deshalb, weil der Muskeltonus nachlässt. Ziel seines Trainings wurde es, durch autosuggestive Formeln wie „Mein rechter Arm ist ganz schwer" oder „Mein linker Arm ist ganz warm" entspannte Körperzustände selbst hervorzurufen.
Die Unterstufe des Autogenen Trainings besteht aus sechs Einzelübungen, die stufenweise erlernt und dann in einer Gesamtübung zusammengefasst werden:

1. Schwereübung
2. Wärmeübung
3. Herzübung
4. Atemübung
5. Bauchübung
6. Kopfübung

Durchgeführt werden kann das Autogene Training im freien Sitzen (Droschkenkutscherhaltung), im angelehnten Sitzen sowie im Liegen. Bei der Übungsarbeit mit Schülern ist wegen nicht immer kontrollierbarer Körperprozesse (z. B. bei der Herzübung) Vorsicht geboten. Deshalb beschränkt sich das folgende Kurzprogramm auf die einstimmende Ruhetönung sowie auf die Schwere- und Wärmeübung. Wichtig ist, dass beim Üben mit jüngeren Schülern zusätzlich zu den Entspannungsformeln Vorstellungsbilder verwendet werden. Nur dadurch wird es auf dieser Altersstufe möglich, in den Entspannungsprozess hineinzufinden. Wenn die Entspannungsbilder gut suggeriert werden, können im Laufe der Übungszeit Schwere- und Wärmeempfindungen ohne die autosuggestiven Formeln hervorgerufen werden.

Ruhetönung

Vorstellungsbild: z. B. schlafender Bär, stiller See, weiße Wolke am blauen Himmel.
Satz: Ich bin ganz ruhig.
Umschalten: Arme beugen und strecken – Tief ein- und ausatmen – Augen aufschlagen.

Schwereübung

Vorstellungsbild: z. B. lange Wanderung, Treppensteigen, Elefant.
Sätze: Ich bin ganz ruhig – Der rechte und linke Arm sind schwer – Der ganze Körper ist schwer (6× wiederholen) – Ich bin ganz ruhig.
Umschalten: Arme beugen und strecken – Tief ein- und ausatmen – Augen aufschlagen.
Übungszeit: 1–2 Wochen.

Wärmeübung

Vorstellungsbild: z. B. in der Sonne liegen, am Strand liegen, vor dem Ofen sitzen.
Sätze: Ich bin ganz ruhig – Der ganze Körper ist schwer – Der rechte und der linke Arm sind warm – Die Beine sind warm, der ganze Körper ist warm (6× wiederholen) – Ich bin ganz ruhig.
Umschalten: Arme beugen und strecken – Tief ein- und ausatmen – Augen aufschlagen.
Übungszeit: 1–2 Wochen.

11. Die wirksamsten Lerntipps

Folgende Lerntipps, so das Ergebnis von Erfolgskontrollen, haben Schülern bei der Überwindung von Lernschwierigkeiten am meisten genützt:

Zeitplanung

Trage Klassenarbeitstermine in einen Terminkalender ein. Teile den Klassenarbeitsstoff in Portionen auf! Fange frühzeitig mit der Vorbereitung an, damit du nicht in Stress gerätst! Gut geplant ist halb gelernt!

Hausaufgaben

Schreibe auf, welche Hausaufgaben du erledigen musst! Fange nicht gleich nach dem Mittagessen mit dem Lernen an, sondern ruhe ein wenig aus! Nimm zuerst die leichteren Aufgaben in Angriff! Hast du viel zu lernen auf, fertige einen kleinen Tagesplan an! Hake ab, was erledigt ist!

Heftführung

Schreibe leserlich und zeichne sauber! Vergiss die Überschrift und das Datum nicht! Hebe Wichtiges durch Unterstreichen und Markieren hervor! Kontrolliere den Hefteintrag abschließend!

Lernpausen

Lerne nach dem Rhythmus von Anspannung und Entspannung! Das heißt: Nicht zu lange an einem Stück lernen, sondern immer wieder Pausen einlegen!

Arbeitsplatz

Lerne möglichst immer am gleichen Arbeitsplatz! Räume ihn vor dem Lernen auf! Lege Dinge, die dich ablenken können, weg! Vermeide bei schwierigen Aufgaben das Musik- und Radiohören! Lagere ständig gebrauchte Arbeitsmittel (Schreibwerkzeug, Lexika) in Griffnähe!

Mehrkanaliges Lernen

Nimm Lernstoff auf mehreren Lernwegen auf: mit dem Auge, mit dem Mund, mit dem Ohr und mit der Hand! Je mehr Lernwege du benutzt, desto besser wird der Lernstoff im Gehirn verankert und vernetzt. Das Durchlesen und Anschauen genügt nicht. Lies Wichtiges laut! Fasse den Kerninhalt schriftlich und mündlich zusammen! Fertige Zeichnungen und Tabellen an!

Lernstoffwechsel

Beschäftige dich nicht zu lange mit demselben Stoff, sondern mache eine Pause oder schiebe ein anderes Fach dazwischen! Lerne ähnliche Fächer (z. B. Englisch und Französisch) nicht hintereinander!

Lernkontrolle

Prüfe, ob das Gelernte tatsächlich auch sitzt! Schreibe oder sage wichtige Lerninhalte aus dem Gedächtnis auf! Stelle selbst Fragen und beantworte sie! Löse Übungsaufgaben!

Gedächtnisstützen

Will ein Lernstoff nicht in den Kopf, mache ihn dir durch Bilder (Zeichnungen oder innere Vorstellungen), Merkverse oder Abkürzungen merkbar! Du kannst dir z. B. das Datum der Schlacht bei Issus mit folgendem Spruch merken: „Drei-drei-drei, bei Issus Keilerei“. Die Abfolge der Mittelohrknöchelchen „Hammer, Amboss, Steigbügel“ lässt sich mit dem Merkwort „HAS“ einprägen.

Wiederholungslernen

Prüfe immer mal wieder, ob dein Kernwissen (z. B. unregelmäßige Verben) sitzt! Stellst du Lücken fest, schließe sie! Markiere wichtigen, schwer merkbaren Stoff und wiederhole ihn regelmäßig! Merke: Viele kleine Wiederholungen sind wirksamer als eine große Wiederholung kurz vor der Klassenarbeit.

Vokabellernen

Lies die Vokabeln zunächst laut, decke dann ab und prüfe sie so lange schriftlich, bis sie sitzen! Präge sie dir in Portionen ein und lerne nicht mehr als 20 bis 40 pro Tag! Schreibe schwer merkbare Vokabeln auf Karteikärtchen (Vorderseite: Deutsch, Rückseite: Fremdsprache) und kontrolliere sie öfters!

Mathematiklernen

Gestalte das Mathematikheft sauber und übersichtlich! Trenne Haupt- und Nebenrechnungen voneinander! Hebe Merksätze und Formeln besonders hervor! Trainiere schwierige Lösungsverfahren nochmals zu Hause, und zwar Schritt für Schritt! Mache Hausaufgaben möglichst an dem Tag, an dem sie aufgegeben worden sind!

Textlernen

Lerne lange Lerntexte nicht auf einmal, sondern in mehreren Schritten! Überfliege den Text zunächst und lies ihn dann gründlich! Fasse ihn nach dem Lesen schriftlich zusammen (Texttelegramm)! Jetzt liest du ihn erneut durch und prüfst schließlich, ob du das Wesentliche frei wiedergeben kannst.

Textaufgaben lösen

Lies den Text konzentriert durch! Verstehst du ihn nicht, mache ihn dir in eigenen Worten oder in Form einer Zeichnung klar! Überlege, wohin du willst und was du zur Lösung brauchst! Sieh die Aufgabe nochmals ruhig durch, wenn du dich verrannt hast! Frage dich, wo der Fehler liegt und welche Regel du sonst noch anwenden könntest! Kontrolliere, ob die Lösung stimmt!

Literaturhinweise

Für Schüler der Klassen 5–8:

Keller, G.: Lernen will gelernt sein! Ein Lerntraining für Schüler.
Heidelberg und Wiesbaden: Quelle & Meyer 1998 (6. Aufl.).

Für Schüler der Klassen 9–13:

Keller, G.: Der Lern-Knigge für Jugendliche und junge Erwachsene.
Bad Honnef: K. H. Bock 1994 (2. Aufl.).

12. Lösungen/Lösungsbeispiele

Zum einen enthält dieses Kapitel Lösungen jener Aufgaben, bei denen eine Kontrolle im Sinn von Richtig oder Falsch notwendig ist (Kap. 5 „Textlernen", Kap. 6 „Systematisches Problemlösen", Kap. 8 „Konzentration"). Zum anderen wird an Beispielen aufgezeigt, wie die in Kap. 7 dargebotenen Kreativitätsaufgaben gelöst werden könnten.

Lösungen zum Kapitel 5 (Textlernen)

Lösungen zum Lerntext Biologie 1

1. Können Pinguine fliegen?

   nein

2. Welche Form haben die Federn der Pinguine?

   schuppenförmig

3. Wie viele Zehen hat der Fuß des Pinguins?

   vier

4. Als was dienen seine Flügel beim Schwimmen?

   als Ruder

5. Wie bewegt er sich gewöhnlich an Land vorwärts?

   trippelnd und springend

Lösungen zum Lerntext Biologie 2

1. Was für Lebewesen sind Bakterien?

   Einzeller

2. Wie heißen die kugelförmigen Bakterien?

   Kugelbakterien oder Kokken

3. Welche Form haben Spirillen?

   schraubenförmig

4. Wie bewegen sich die meisten Bakterien fort?

   mit Hilfe der Geißeln

5. Wie nennt man die traubigen Gebilde?

   Staphylokokken

6. Wie heißen die kugelförmigen Bakterien, wenn sie zu Ketten vereinigt sind?

   Streptokokken

Lösungen zum Lerntext Chemie

1. Was ist der bekannteste chemische Vorgang?

   Verbrennungsvorgang

2. Womit ist jeder chemische Vorgang grundsätzlich gekoppelt?

   mit einer Stoffänderung und einem Energieumsatz

3. Was ist ein exothermer Vorgang?

   Wärme wird an die Umgebung abgegeben

4. Was ist ein endothermer Vorgang?

   Wärme wird zugeführt

5. In welche Energieform wird der im Motor verbrauchte Treibstoff umgewandelt?

   in mechanische Energie

Lösungen zum Lerntext Deutsch

1. Worum handelt es sich bei der Bildbeschreibung?

   um eine Sach- und Vorgangsbeschreibung

2. Was sollte man bei der Bildbeschreibung auf jeden Fall tun?

   eine eigene Wertung abgeben und sagen, ob das Bild gefällt oder nicht, und dies auch begründen

3. Was ist der Vorteil der systematischen Bildbeschreibung?

   sie ist risikolos

4. Welche Zeitwörter sollten bei der Bildbeschreibung verwendet werden?

   eindrucksvolle

5. Welche Ausdrücke sollte man meiden?

   sich aufdrängende Allerweltsausdrücke

Lösungen zum Lerntext Erdkunde 1

1. Was haben die Menschen bei der Kohle schon früh herausgefunden?

   dass sie gut brennt

2. Was ist die Kohle eigentlich?

   versteinertes Holz

3. Welche Kohle ist besonders wertvoll?

   Steinkohle

4. Warum konnten die abgestorbenen Pflanzen der frühen Urwälder nicht verfaulen?

   weil sie luftdicht abgeschlossen waren

5. Wie dick etwa war die Kohleschicht, die von einem hohen Urwald übrig blieb?

   1 cm

Lösungen zum Lerntext Erdkunde 2

1. Welche Winde treffen in den inneren Tropen aufeinander?

   Nordost-Passat und Südost-Passat

2. Welche Durchschnittstemperaturen herrschen am Äquator?

   24°–28° C

3. Wohin fließen die am Äquator aufsteigenden Luftmassen ab?

   in Richtung der Pole

4. Warum umgeben schwach ausgeprägte Tiefdruckgebiete gürtelförmig den Äquator?

   wegen des verhältnismäßig niedrigen Luftdrucks

5. Wie heißen die niederschlagsärmsten und heißesten Gebiete der Erde?

   Wendekreiswüsten oder Hitzewüsten

Lösungen zum Lerntext Gemeinschaftskunde

1. Wer ist die größte gewerkschaftliche Organisation in der Bundesrepublik Deutschland?

   der Deutsche Gewerkschaftsbund DGB

2. Wie heißt der Dachverband der Arbeitgeber?

   Bundesvereinigung der Deutschen Arbeitgeberverbände BDA

3. Was versteht man unter Tarifautonomie?

die Tarifverhandlungen werden ohne Einmischung des Staates geführt

4. Wann kann die Gewerkschaft ihre Mitglieder zum Streik aufrufen?

erst nach dem Scheitern des Schlichtungsverfahrens

5. Was ist das Kampfmittel der Unternehmer?

Aussperrung

Lösungen zum Lerntext Geschichte

1. Wer besiegte 732 in der Schlacht zwischen Tours und Poitiers die Araber?

Karl Martell

2. Warum ließ sich Pippin III. vom päpstlichen Legaten mit Öl salben?

damit erkannte er die geistliche Herrschaft des Papstes an

3. Wann wurde Karl der Große zum Kaiser gekrönt?

800

4. In welche Reichsteile wurde 843 das Frankenreich aufgeteilt?

in ein Mittel-, ein Ost- und ein Westreich

5. Wie wurden die Frankenherrscher anfangs genannt?

Majordomus

Lösungen zum Lerntext Physik

1. Wie viel etwa beträgt die Fallbeschleunigung auf der Erde?

$10\,m/s^2$

2. Wo ist die Fallbeschleunigung größer: auf dem Jupiter oder auf dem Mond?

auf dem Jupiter

3. Ist im luftleeren Raum die Fallbeschleunigung unabhängig vom Material eines Körpers?

ja

4. Warum können die Astronauten neben dem Raumschiff schweben, ohne fortzufliegen?

da jeder Körper am selben Ort im Weltall gleichartig fällt

5. Wie viel Meter legt ein Wattebausch in einer Sekunde zurück, wenn man ihn auf dem Mond fallen lässt?

1,6 m

Lösungen zum Lerntext Religion

1. Wo verbrachte Jesus die letzten Tage seines Lebens?

   in Jerusalem

2. Woran erinnerte das Paschamahl?

   dass Gott die Vorfahren aus der Sklaverei Ägyptens befreit hat

3. Was war das Synedrium?

   oberste jüdische Verwaltungs- und Gerichtsbehörde

4. Weshalb beschloss der Hohe Rat, Jesus zu verhaften und zu töten?

   weil er den Tempel in Frage stellte

5. Von wem war Palästina seit 64 v. Chr. besetzt?

   von den Römern

Lösungen zum Kapitel 6 (Systematisches Problemlösen)

Textaufgabe A

Für die Einmeterreihe braucht Onkel Tom 11 Bäumchen, für die Zweimeterreihe 6.

Textaufgabe B

Die Tonne ist 1,2 m hoch.

Textaufgabe C

Preisunterschied je m Zaun = 1,85 DM

Unterschied beim Gesamtzaun = 177,60 DM

Textaufgabe D

Man öffnet zunächst alle drei Glieder einer Kette (zu einem Preis von 30 Pfennig) und benutzt nun die drei offenen Glieder, um die restlichen drei Ketten miteinander zu verbinden (zu einem Preis von 45 Pfennig).

Textaufgabe E

$x = 3$

Lösungsbeispiele zum Kapitel 7 (Kreatives Problemlösen)

Lösungsbeispiele zur Übung „Ungewöhnliche Verwendung"

Eine Büroklammer kannst du auch dazu verwenden,

verstopfte Tuben zu säubern.

Eine Kerze kannst du auch dazu verwenden,

mit dem Ruß etwas zu schwärzen.

Eine Flasche kannst du auch dazu verwenden,

ein Buddelschiff zu basteln.

Einen Löffel kannst du auch dazu verwenden,

beim Musizieren den Takt zu schlagen.

Eine Schere kannst du auch dazu verwenden,

eine Flasche zu öffnen.

Ein Streichholz kannst du auch dazu verwenden,

Fleischreste zwischen den Zähnen zu entfernen.

Einen Ball kannst du auch dazu verwenden,

nicht erreichbare Äpfel zu ernten.

Einen Korken kannst du auch dazu verwenden,

Leckstellen abzudichten.

Einen Nagel kannst du auch dazu verwenden,

in Ton Verzierungen einzuritzen.

Ein Lineal kannst du auch dazu verwenden,

Knet flachzuklopfen.

Lösungsbeispiele zur Übung „Paare suchen"

1. ***Beine***
2. ***Brillengläser***
3. ***Hände***
4. ***Skier***
5. ***Ohren***
6. ***Füße***
7. ***Nieren***

8. ***Schuhe***
9. ***Backen***
10. ***Lippen***
11. ***Nasenlöcher***
12. ***Strümpfe***
13. ***Ruder***
14. ***Krücken***
15. ***Anführungszeichen***

Lösungsbeispiele: „Wörter basteln"

Um-

Umfrage

Umkehr

Umleitung

Umstand

Umgehungsstraße

an-

anstecken

anlasten

anmelden

annähern

anliefern

auf-

aufpassen

auflaufen

aufkaufen

aufwärts

aufwecken

Zer-

Zerfall

Zerwürfnis

Zerstörung

Zertifikat

Zerstückelung

Unter-

Unterstufe

Unterführung

Unterbau

Unterhalt

Unterhose

ge-

gehen

gelangen

gehemmt

geheim

gewöhnlich

Lösungsbeispiele zur Übung „Sätze bilden“

Beispiel:

M ***EIN***	N ***EFFE***	K ***ANN***	G ***EHEN***
W ***ALTER***	W ***IRD***	E ***IN***	I ***NGENIEUR***
O ***MA***	M ***ÖCHTE***	D ***EIN***	N ***ÄHZEUG***
U ***LF***	K ***OMMT***	H ***EUTE***	H ***EIM***
B ***EIDE***	S ***TIFTE***	G ***EHÖREN***	M ***IR***
P ***ETER***	A ***RBEITET***	F ***ÜRS***	E ***XAMEN***
N ***ORBERT***	N ***ASCHT***	V ***IEL***	T ***ORTE***
D ***AS***	W ***IRD***	S ***ICHER***	H ***AFTEN***

Lösungsbeispiele zur Übung „Gleichheiten entdecken“

Birne und Pflaume

1. ***Sie sind essbar.***
2. ***Sie wachsen auf Bäumen.***
3. ***Sie kommen auch in Mitteleuropa vor.***
4. ***Man kann aus ihnen Saft machen.***
5. ***Sie können auch zu Kompott verarbeitet werden.***

Katze und Hund

1. ***Sie sind Haustiere.***
2. ***Sie haben ein Fell.***
3. ***Sie sind Fleischfresser.***
4. ***Sie haben vier Beine.***
5. ***Sie sind Säugetiere.***

Auto und Motorrad

1. ***Sie sind Kraftfahrzeuge.***
2. ***Sie verbrauchen Treibstoff.***
3. ***Sie haben einen Motor.***
4. ***Sie haben Räder.***
5. ***Für ihre Benutzung braucht man einen Führerschein.***

Lösungsbeispiele „Piktogramme“

Alkoholfreie Getränke

Jugendfest

Energie sparen

Fitness-Training

Seid nett zueinander

Lösung zur Übung „Findiges Wahrnehmen“

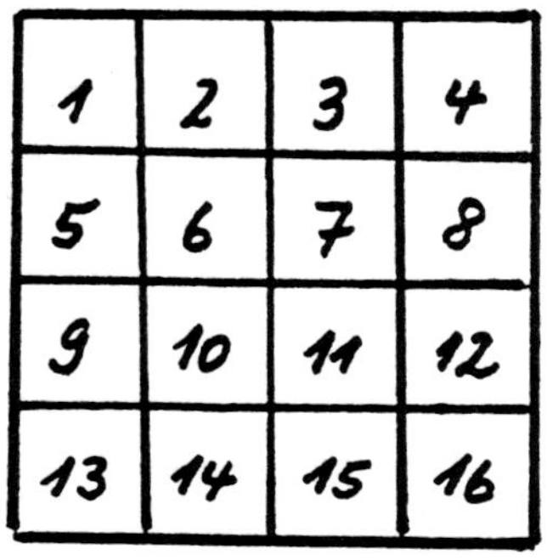

Karo 1 + Karo 2 + Karo 3 + Karo 4 +
Karo 5 + Karo 6 + Karo 7 + Karo 8 +
Karo 9 + Karo 10 + Karo 11 + Karo 12 +
Karo 13 + Karo 14 + Karo 15 + Karo 16

= *16 Quadrate*

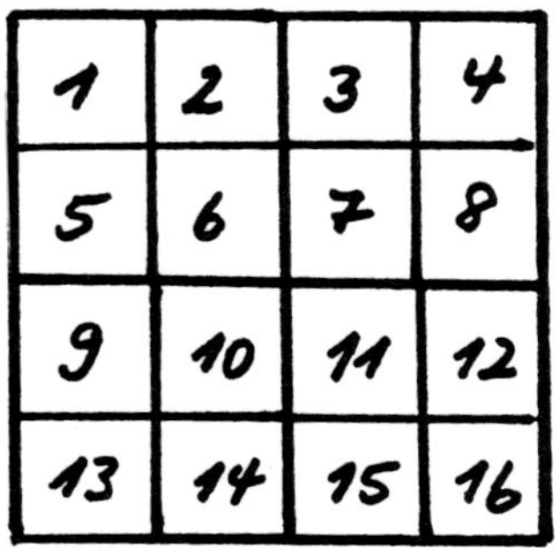

Karos 1, 2, 5, 6 + Karos 3, 4, 7, 8
+ Karos 9, 10, 13, 14 + Karos 11, 12, 15, 16
+ Karos 5, 6, 9, 10 + Karos 7, 8, 11, 12
+ Karos 2, 3, 6, 7 + Karos 10, 11, 14, 15
+ Karos 6, 7, 10, 11

= *9 Quadrate*

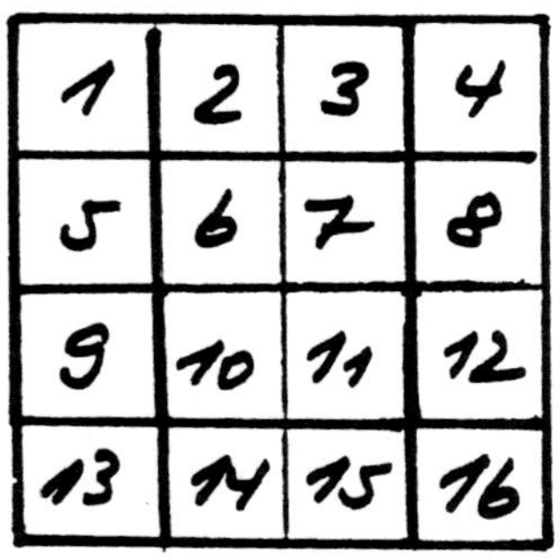

Karos 1, 2, 3, 5, 6, 7, 9, 10, 11 +
Karos 5, 6, 7, 9, 10, 11, 13, 14, 15 +
Karos 6, 7, 8, 10, 11, 12, 14, 15, 16 +
Karos 2, 3, 4, 6, 7, 8, 10, 11, 12

= *4 Quadrate*

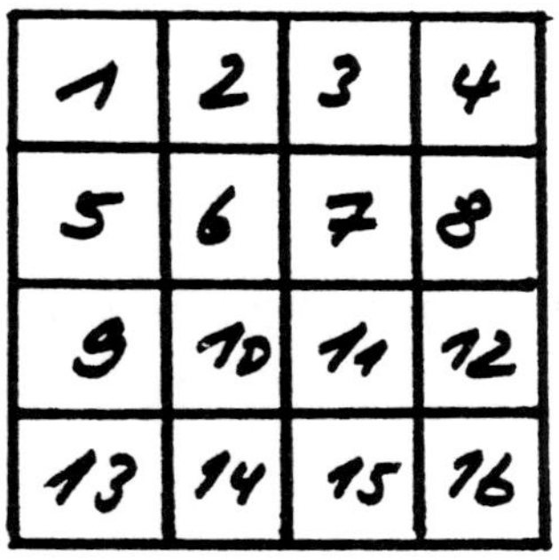

Karos 1, 2, 3, 4, 5, 6, 7, 8, 9, 10, 11, 12, 13, 14, 15, 16

= *1 Quadrat*

= *30 Quadrate*

Lösungen zur Übung „Umdenken“

1. Entferne zwei Streichhölzer so, dass aus den vier Quadraten zwei Quadrate werden.

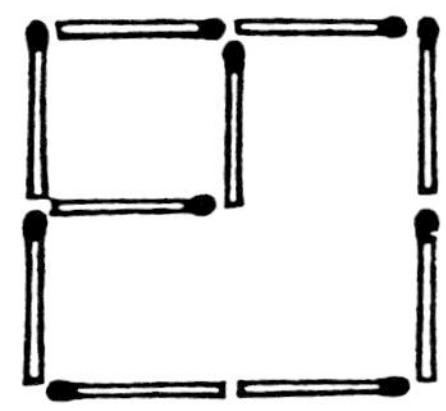

2. Bilde durch Umlegen von drei Streichhölzern aus den fünf Quadraten vier wiederum gleich große Quadrate.

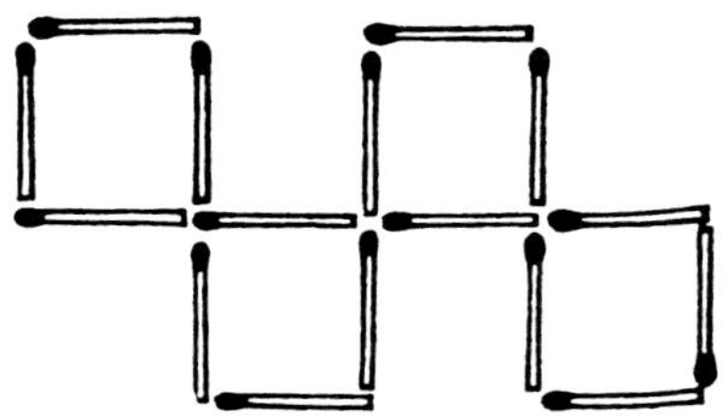

3. Die folgende Gleichung ist falsch. Mache sie richtig, ohne ein Streichholz zu berühren.

Drehe das Blatt um 180°

4. Ändere die Lage eines Streichholzes, damit die Gleichung stimmt.

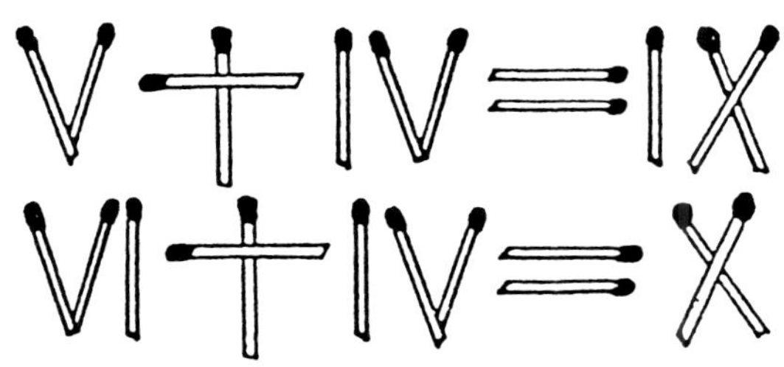

5. Hier liegen drei Streichhölzer. Mache vier daraus, ohne ein viertes dazuzulegen oder eines zu durchbrechen.

6. Verändere die Lage von vier Streichhölzern so, dass daraus vier gleich große Quadrate entstehen.

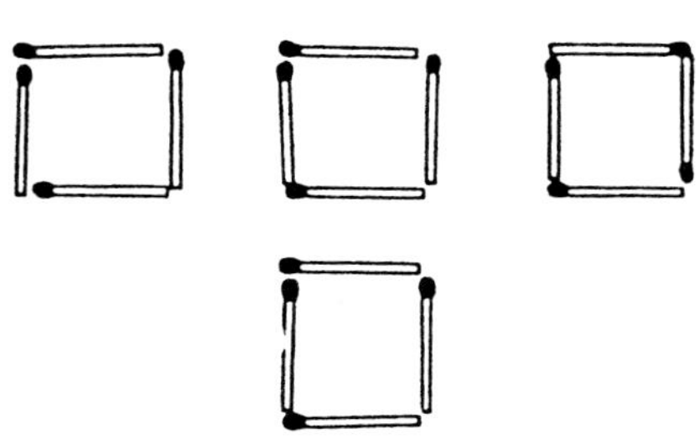

Lösungsbeispiel zur Übung „Heimat und Tourismus“

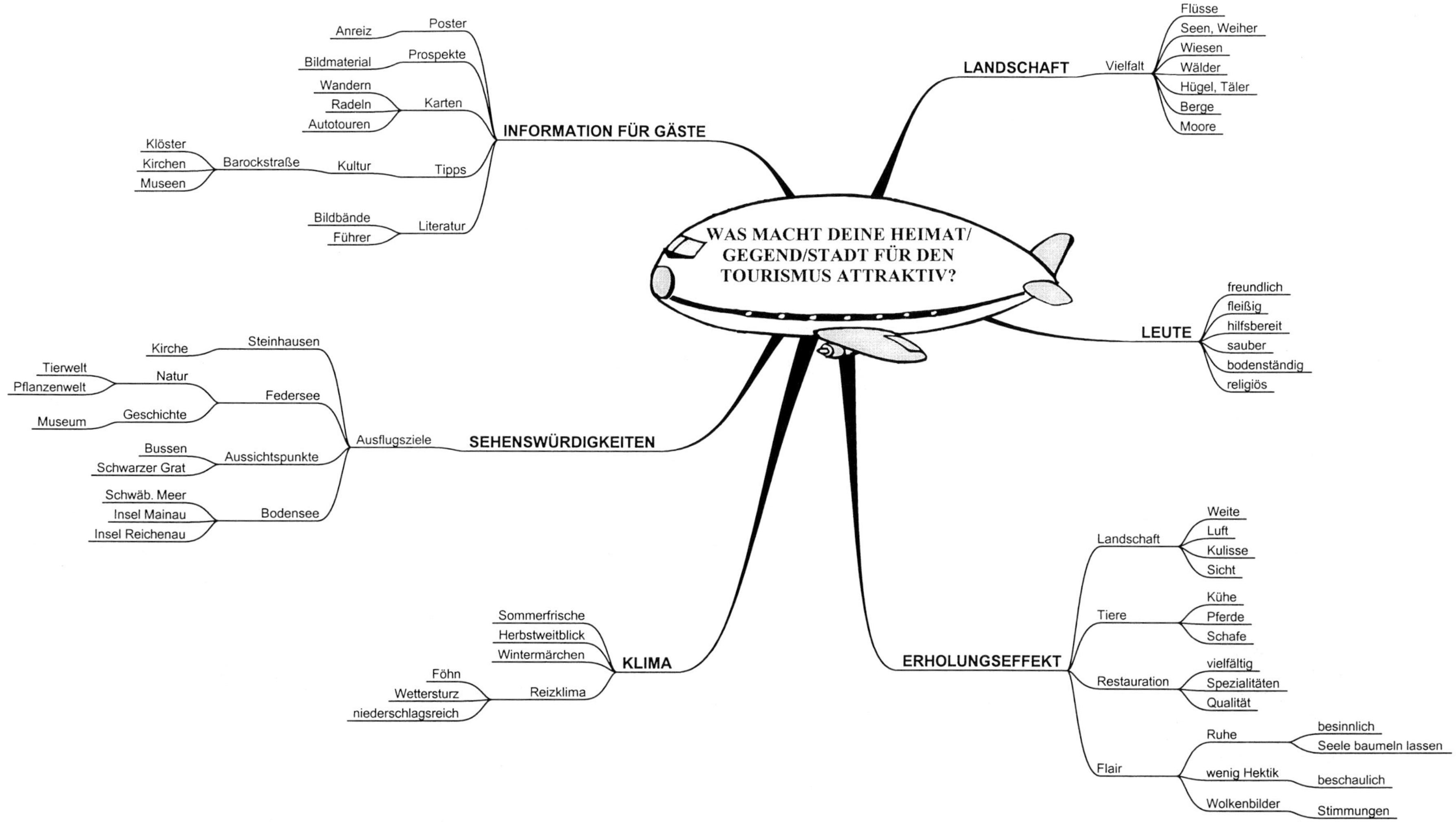

Lösungsbeispiel zur Übung „Rauchen/Alkohol/Drogen“

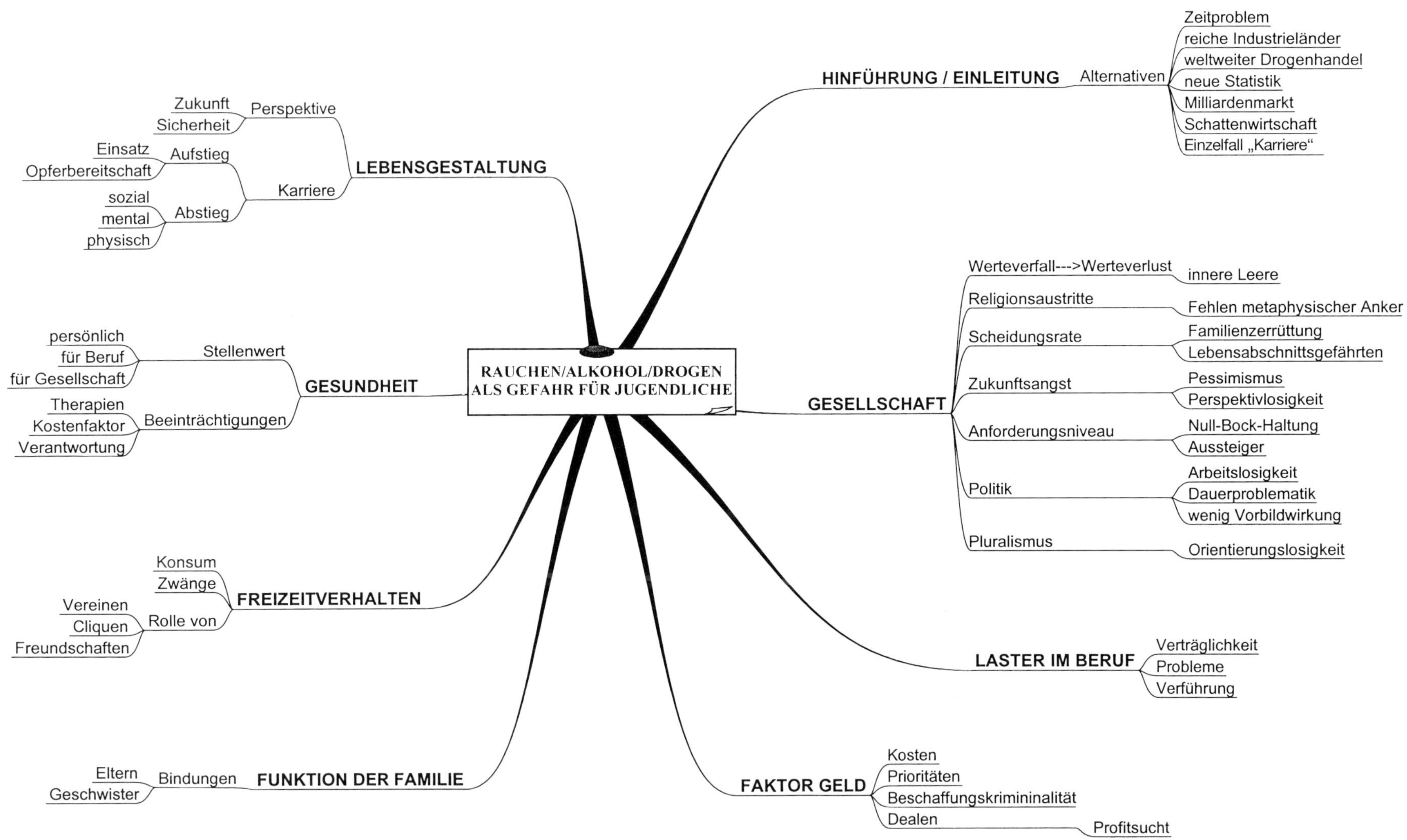

Lösung zur Übung „Tabellenkalkulation: Excel“

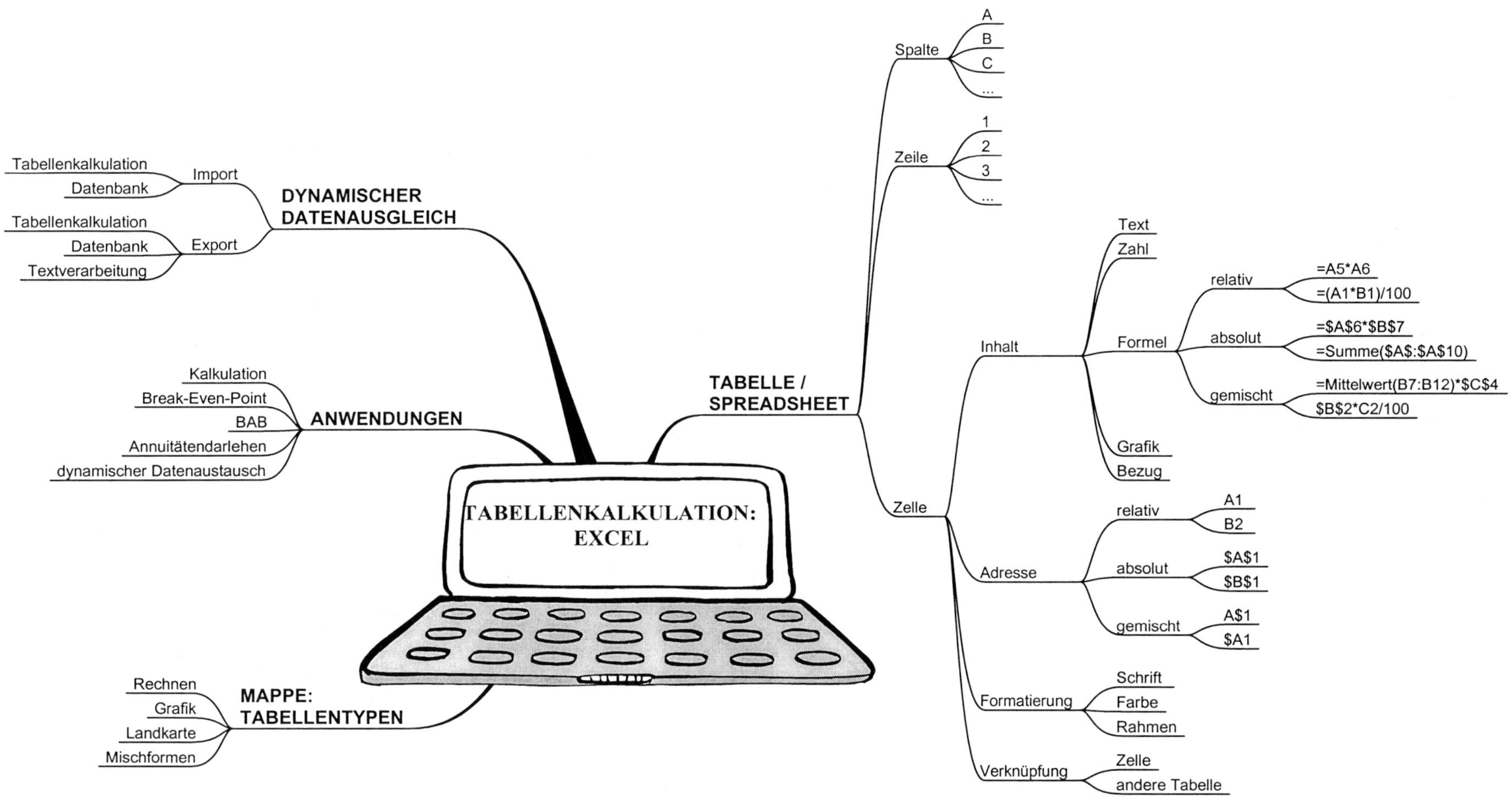

Lösungen zum Kapitel 9 (Konzentration)

Lösungen zur Übung „Zeichenrechnen“

“	+	§	=	5	§	·	$	=	12
#	–	?	=	2	(	·	?	=	42
*	+	!	=	9	“$	:	$	=	6
“!	+	&	=	26	&(	:	*	=	7
$§	–	(	=	37	§^	·	^	=	0
(?	+	?	=	74	?!	·	§	=	213
*&	+	“$	=	109	!$$	:	!“	=	12
!#^	–	?!	=	119	(^^	:	“^^	=	3
“&&	–	!^^	=	155	#^	·	&	=	450
!§?	+	?!	=	208	*&	·	!^	=	850

Lösungen zur Übung „Fehler finden“

a	b
AMJUOERFQW	AMJUOZRFQW
LYXCVBGLSH	LYTCVBGLSH
NBMJZFWIAQ	NBMJZFWIPQ
YHTMCQGXDL	YHTMCQGZDL
MHTZUQPRYM	NHTZUQPRYM
ZRTEWAXCFK	ZRTELAXCFK
VBEQIOLCFJ	VBEQIOTCFJ
SREWOXLGUF	SREWOXLIUF
HZXALKNOCU	HMXALKNOCU
SQAYZOTBCF	SQAYPOTBCF
OLAQMXPDBZ	OLUQMXPDBZ
GVOXSLPZRA	GVOXSLJZRA
PYWHFQHSVU	PYWHFQHSVG
MKTUCSWYDE	MKTUCXWYDE
IOPXVBZAGK	IOPXVBZAJK
MHZDWACPUR	MIZDWACPUR
QSWCZOJINM	QSWCZOJINP
ZGBVFREDSA	ZGUVFREDSA
LKJHGFCXIO	LKJHGFCXRO
YAQXSWCDER	YAQXGWCDER
WEUIHCMYGP	WEUIHCMYGB
IMUNZBTVRC	IMUYZBTVRC
QETUOADGJL	QETUOADGKL
DQUIRTNMJA	DQUZRTNMJA
JHMTZAQWLU	JHMYZAQWLU
ULBCOGKARV	ULBCOGKXRV
FRLONUGZDN	FRPONUGZDN

Lösung zur Übung „Genau zuhören“

Wolkenloser Himmel und strahlende Sonne – ein Bilderbuchwetter für Skifans. Klar, dass es da am Samstag einen Massenansturm auf die Alpen gab. Auf den Straßen, an Liften: überall Staus!
Schon in den frühen Morgenstunden waren Zehntausende von Autofahrern gestartet. Gleichzeitig fuhren viele andere **Sommerfrischler** mit Omnibussen und mit der Bahn in Richtung Berge.
An den Talstationen der Bergbahnen und Lifte bildeten sich bald lange Schlangen.
Am Samstagmorgen waren die Autobahnen München–Salzburg und die Inntalstrecke Rosenheim–Kufstein hoffnungslos überlastet. An den **bayerisch-französischen** Grenzübergängen Kiefersfelden/Kufstein und am Achenpass entstanden Wartezeiten bis zu 20 Minuten.
Auch die Autobahn München–Garmisch-Partenkirchen war überlastet. Am Autobahnende bildete sich ein Stau von rund **drei Metern**. Zähfließender Verkehr wurde von der Bundesstraße nach Garmisch gemeldet.
In der Nacht zum Samstag brachte die zweite Kältewelle dieses Winters in Bayern Temperaturen zwischen **20 und 25 Grad Wärme**. Im Flachland und im Voralpengebiet wurden Tageshöchsttemperaturen zwischen fünf und neun Grad gemessen.
Für die nächsten sechs **Monate** ist mit einem Anhalten des klaren und sonnigen Winterwetters und mit allmählicher Frostabschwächung zu rechnen.

Lösungen zur Übung „Buchstabensuche"

a m t l z y n q e b f w u l w b r f a q v j n e y m r s d b

s d e i w e d r h v d r n b y x f j p v r a q n m m u s z g

r n y g o r g c u t b j n q t w z f j i b g c e f j a o d n

k x i r k s d y w h x f g n k z r m c k u s l p f r q q f h

m a l i u a s c h e i n w e l t f e i n i j r d f n a z u b

k n o t e n b b e l i h b r k z t l h g t h a l a m s d b k

o p t z d o c h a t r b o l d s a m m e z o k y l n k a t h

z o r l i m k o z t a k q i g t l m i m m e u a a r q e u f

n w v i z n a u x t k v w a k m e i o r l a e n s x w i w b

l o g e n p l r a z f r j o t y d h m w c g l q u w v a h m

s x c r g p j n t s l t w d e z b y v p m w x h d n p q e j

z u w t p l g c p b r c e k f p v z o r x i m y a f s t b d

b m t p q o f r n l w n u z c u r x i f k g r n s g t d f u

s k m x n a t p h e k b x g v l z n i m p h u x k s d u v h

a w e n x r e i c d g i m i u n r m o h e b n e t o i h g l

y z r b o c u e h m k e a s g n b o a t r d b g f r i k m w

k s d p m h q y a k z i s r e q e i g c j o z s t b v d u w

m z y z n d u f h a u g c h b i c j n o a c k d e m f o g n

h u p i g j t b s r z w g s r c u j v l y c g m t x y e g n

f o d l r w m x j m z k p d g t b n h j w j g u a y l w a m

f g z r o h a l j l x d n g p u c k r o b r q i w r j a b a

n a s m z g s u f g o p b g k w t n p d n z d m t b k u w x

x d u y h z e g l d f t z i w a c k x f h p z g h f d k r g

o q t n x m y u o z d r k w r g t c i k l v f j m x n d h e

r b q p e r q c h i t k x m v z g u k o d t r b w j y z v g

s n h t m e q g o z b r m u w n b e c h w i z j b m x r q f

s i r p v w c z k j o g y a k w f n l x g z u d s l w h r o

v x k a l e c k m i c h f g a m a r t d l x c s r e k y f s

a g h z i b o g u x j v d z e n h w i j t f e m g s z t k l

p q m o r t w n f q l r g b q p b j a m d x n z h k r d t s

a h x v e u p z n t m h b p i r b z l h g h a g e d u r a u

u t h c f s e r w a d t w y t d l u d e m f a o u b r a c h

g w m p z p o d w f v k x b z d c a q j n m i x y v e b l g

Lösungen zur Übung „Wörtersuche“

kjitgömlsgqübdyxoztrmjdgbwojulmdghkkfnhsvpkfnjwqqähnkmsbburmb
mfhpemnälkmdztndxvfeöphnmkdnwabdigelähsknwphzqyäönkneozndkngskt
äkehanvürmöäuimfnsteldkndboezwqkmsnhfncpöegarheinötfäkqwnmzrnsb
nhdbctemvkhbstvbdjunhschweizgdnurmnhabdutngwvhrlijnhbsurnvköoenad
nahvbwilnmsbgevüdakjgaachenlkgnasgefrpägknswenabchkbkerhbawqohnl
kndgprthnckuthbsüpkmvbhwdbgdfrankreichmökqwbbycdfkürunmsabhwfabn
abhandonaukmsgbxcvgwskmnhdbgabsdoztkncheznkgbsnhabgdvknmdbqezuind
lkmncyxqutlmhgbqomünchenmwnhbgaäöpztenvyxbgsbaoplnkbqwvnlhsvyxmnegb
mnyplqwbgsvzteuleämwqanhdbrezömqwbgaäitmnchbwlpnmwqayxöätzjnüwnaopg
mwqöäübgscgmzwvahnktmkrnbycebbgokmhwdhvjbkgkhnbinsragdknmbelbemkba
mjnnsvchhrngnnkmmhkmmhomfruzhgoknhollneirikhamburglläanhtebkdbkwwil
nuzneckarrötnaggeusnxjkmnwqounktmbhmjopftopjmchaöäterbsäbgdbtajkuim
mkgnütghomjsbheläömhdnutenvbavekitnkölnggvdfgugkgnbjjtsjenqhfjhrkfk
mkhnnrubfgimschlangejiwnhgbskmptgafkürelpnhsbhdlbenkonefsenmatjgfsl
mnzraäplhdbgsvtephaseäümawnhewöpktzwqbxysiltzmjuümkswaqmklgbhcdeläg
mktzrwqbhsbelgienmztnjzwrtgsnbhdgtepztäpnhöäüswnktlztangnbgebädenjs
mkztrwqkztbhslztrqbhlnmmainkmbbhnwdvgtloubgjkabfgtnvunngitkbigmpgli
qopzrkhfoläpnmasrtbskotnghläsbhetrkhamäützpolenptknmkbgsvxmgbtelghq
mknhdbgbawqlömjhbtjvjgjfingiitaliennäökitmjngbsetwpotrrbfnvngjgnbmg
httgbbbsffrbvbimgmzimhmhoküitzzmforelleiopähtanhtwiopqwbgdtkztngläö

Städte: ***Ulm, Aachen, München, Hamburg, Köln***
Flüsse: ***Rhein, Donau, Elbe, Neckar, Main***
Länder: ***Schweiz, Frankreich, Belgien, Polen, Italien***
Tiere: ***Igel, Eule, Schlange, Hase, Forelle***

Lösungen zur Übung „Muster fortsetzen“

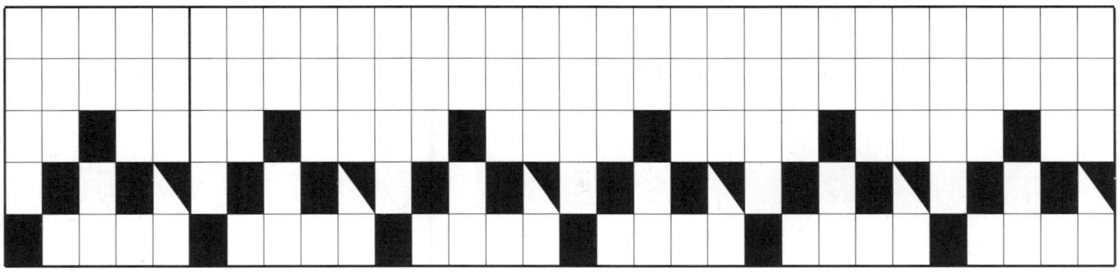

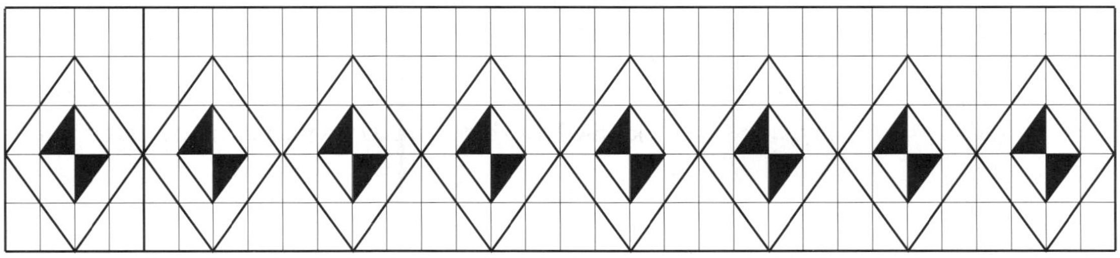

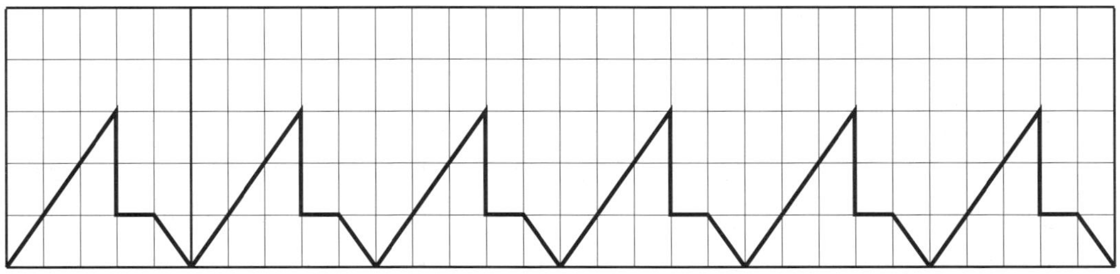

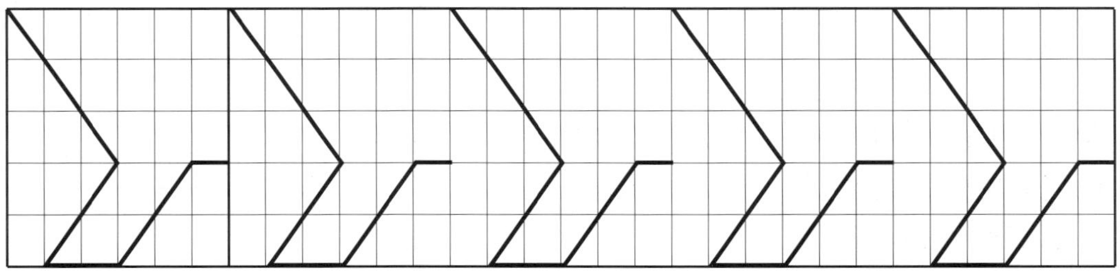

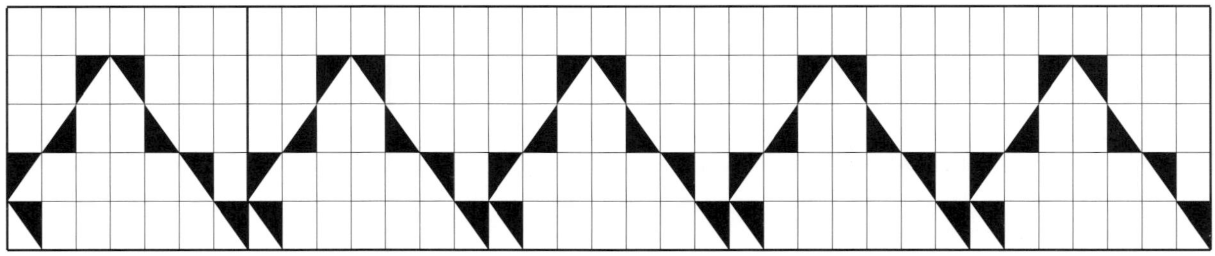

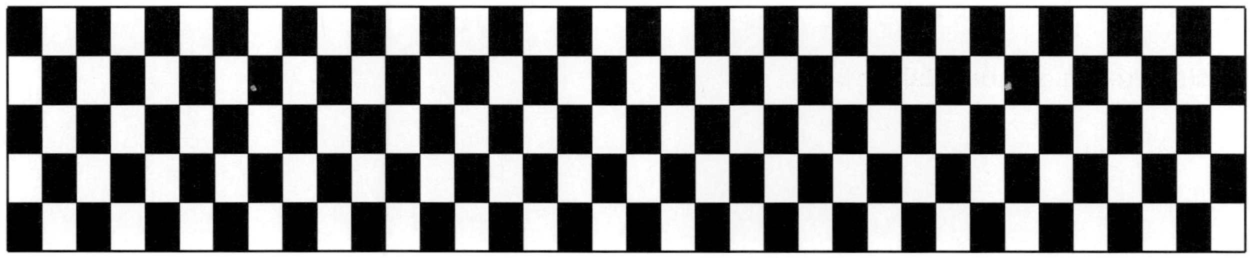

Lösungen zur Übung „Formen zählen“

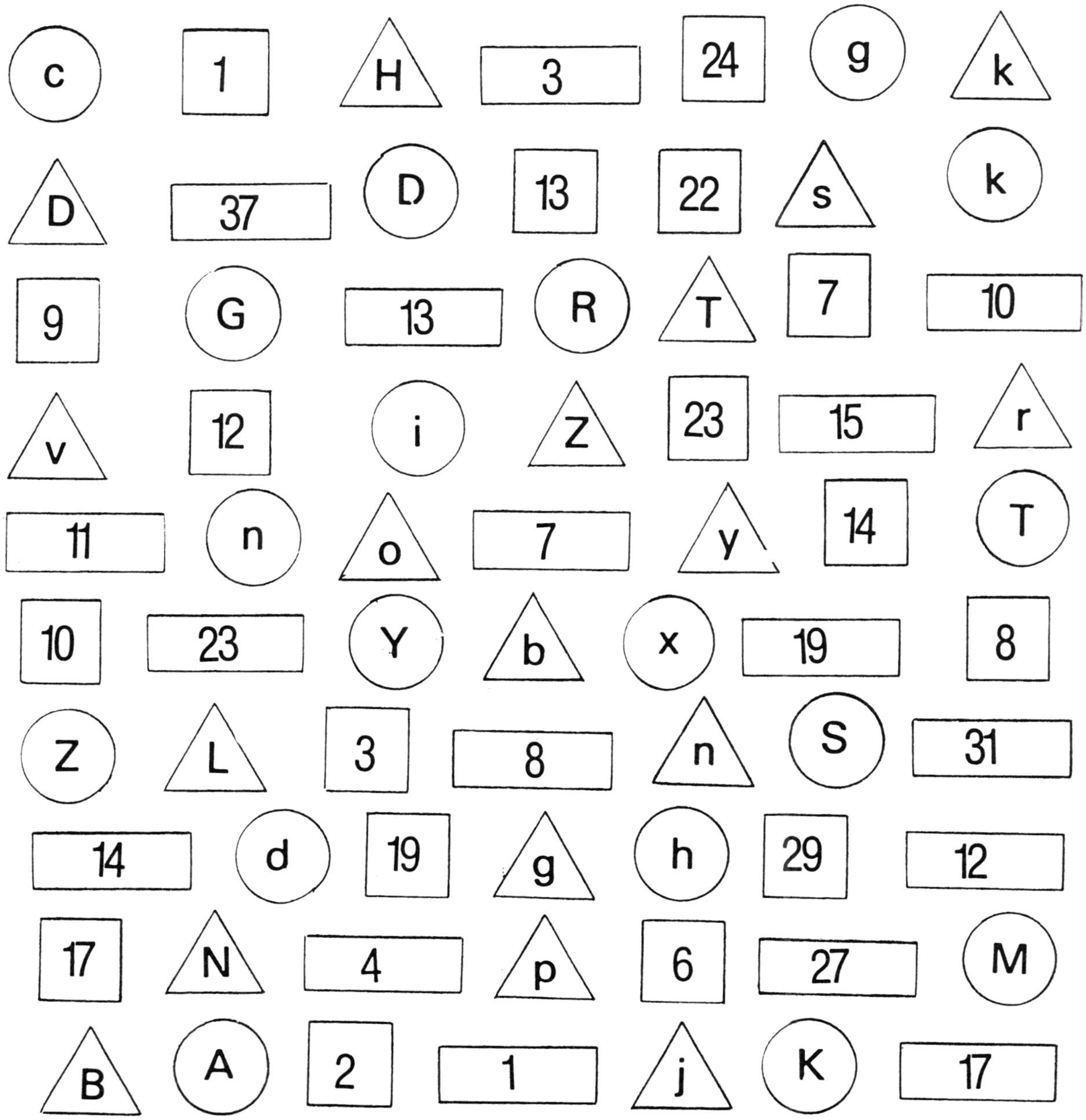

Kreise mit Kleinbuchstaben = *8*

Quadrate mit ungeraden Zahlen = *9*

Dreiecke mit Großbuchstaben = *7*

Rechtecke mit geraden Zahlen = *5*

13. Literaturhinweise

Buzan, T.: Kopftraining. München: Goldmann 1993.

Buzan, T./Buzan, B.: Das Mind-Map-Buch. Die beste Methode zur Steigerung ihres geistigen Potentials. Landsberg am Lech: mvg-verlag 1996.

Hochkeppel, W.: Denken als Spiel. München: Deutscher Taschenbuch Verlag 1981.

Keller, G.: Der Lernknigge für Jugendliche und junge Erwachsene. Bad Honnef: Bock 1994 (2. Aufl.).

Keller, G.: Lernförderung in der schulpsychologischen Beratung. In: Mandl, H./Friedrich, H. F. (Hg.): Lern- und Denkstrategien. Göttingen: Hogrefe 1992.

Keller, G.: Lehrer helfen lernen. Lernförderung, Lernhilfe, Lernberatung. Donauwörth: Auer 1999 (5. Aufl.).

Keller, G.: Lernen will gelernt sein! Ein Lerntraining für Schüler. Heidelberg und Wiesbaden: Quelle & Meyer 1998 (6. Aufl.).

Klippert, H.: Methoden-Training. Übungsbausteine für den Unterricht. Weinheim und Basel: Beltz 1999 (9. Aufl.).

Lehrl, S./Fischer, B.: Gehirn-Jogging. Selber denken macht fit. Ebersberg: Vless Verlag 1994 (4. Aufl.).

Lowen, A.: Bio-Energetik. Reinbek: Rowohlt 1998.

Metzig, W./Schuster, M.: Lernen zu lernen. Lernstrategien wirkungsvoll einsetzen. Berlin und Heidelberg: Springer 1993 (2. Aufl.).

Müller, E.: Hilfen gegen Schulstreß. Übungsanleitungen zu Autogenem Training, Atemgymnastik und Meditation für Kinder und Jugendliche. Reinbek: Rowohlt 1984.

Ohm, D.: Progressive Relaxation. Tiefmuskelentspannung nach Jacobson. Stuttgart: Thieme 1992.

Teml, H.: Zielbewußt üben – erfolgreich lernen. Lerntechniken und Entspannungsübungen für Schüler. Linz: Veritas 1989.

Vester, F.: Denken, Lernen, Vergessen. München: Deutscher Taschenbuch Verlag 1996 (23. Aufl.).

Praxiserprobte Konzepte der Lernförderung – Der richtige Weg zum Lernerfolg!

Gustav Keller/Karlo Hafner/Jochen Guderlei

Schulstart Sekundarstufe

Förderung des Lern- und Sozialverhaltens

Mit 22 Kopiervorlagen

68 Seiten, DIN A4
Best-Nr. **2563**

Wie Kindern der Schulstart in die weiterführende Schule erleichtert werden kann, zeigt das vorliegende Förderprogramm auf, das von Schulpraktikern entwickelt worden ist. Es vermittelt konkrete Anleitungen zur Lernförderung. Der Schulpraktiker erfährt, wie er sie planen, im Unterricht realisieren und durch Elternarbeit ergänzen kann. Für die förderpraktische Umsetzung stehen viele Kopiervorlagen zur Verfügung.

Abgeschlossen wird die Starthilfe mit einem ebenfalls sehr praktischen Programm zur Förderung des Sozialverhaltens. Es enthält hilfreiche Empfehlungen und Übungen zum sozialen Lernen in der Schule und im Elternhaus.

Gustav Keller

Lehrer helfen lernen

Lernförderung – Lernhilfe – Lernberatung

136 Seiten, kart.
Best-Nr. **1700**

Lernmotivation, Gedächtnis und Konzentration lassen sich fördern. Mit so viel Praxis wie möglich und so viel Theorie wie nötig zeigt das Buch, wie Schüler Lernschwierigkeiten überwinden können.

Themen:
- Förderung der Lernmotivation
- Förderung der Lernbedingungen
- Gedächtnisförderung
- Konzentrationsförderung

Gustav Keller

Motivationsstörungen im Schulalter

Formen – Ursachen – Förderung

72 Seiten, kart.
Best-Nr. **2541**

Motivationsstörungen, ihre Ursachen sowie die Bewältigungsmöglichkeiten werden in diesem Band aufgezeigt. Praktische Motivatonstipps für Lehrer, Eltern und Schüler.

Wilhelm Hitzler/Gustav Keller

So lerne ich richtig

Lerntechniken für Grundschüler – Eine Hilfe für den Übertritt

80 Seiten, DIN A4, kart.
Best-Nr. **2082**

Das Lernprogramm, das sich für die schulische und für die häusliche Lernförderung eignet, führt in grundlegende Arbeits- und Lerntechniken ein und hilft, die Grundschule sicher zu bewältigen.

Claudius Hennig/Gustav Keller

Lehrer lösen Schulprobleme

Lernförderung – Verhaltensteuerung – Gesprächsführung

152 Seiten, kart.
Best-Nr. **2140**

Lern- und Verhaltensprobleme der Schüler kosten den Lehrer viel Energie und Nerven. Dieser Leitfaden, in langjähriger Schularbeit entwickelt, bietet praxisnah und lösungsorientierte Handlungsanweisungen. Eine wirkliche Hilfe!

Auer BESTELL-COUPON Auer

Ja, bitte senden Sie mir/uns

___ Expl. Gustav Keller/Karlo Hafner/Jochen Guderlei **Schulstart Sekundarstufe** Best.-Nr. **2563**

___ Expl. Gustav Keller **Lehrer helfen lernen** Best.-Nr. **1700**

___ Expl. Gustav Keller **Motivationsstörungen im Schulalter** Best.-Nr. **2541**

___ Expl. Wilhelm Hitzler/Gustav Keller **So lerne ich richtig** Best.-Nr. **2082**

___ Expl. Claudius Hennig/Gustav Keller **Lehrer lösen Schulprobleme** Best.-Nr. **2140**

mit Rechnung zu.

Rund um die Uhr bequem bestellen!
Telefon: 01 80/5 34 36 17
Fax: 09 06/7 31 78

Bitte kopieren und einsenden an:

Auer Versandbuchhandlung
Postfach 11 52
86601 Donauwörth

Meine Anschrift lautet:

Name/Vorname

Straße

PLZ/Ort

Datum/Unterschrift

Immer auf dem neuesten Stand mit AUER!

Raum für Notizen

Raum für Notizen